国家社科基金"习近平新时代中国特色社会主义经济思想的逻辑框架研究"成果

建设现代化
经济体系

周跃辉 ◎ 著

民主与建设出版社

·北京·

图书在版编目 (CIP) 数据

建设现代化经济体系 / 周跃辉著 . —北京：民主
与建设出版社，2019.12
ISBN 978-7-5139-2690-4

Ⅰ.①建⋯　Ⅱ.①周⋯　Ⅲ.①中国经济—经济体系—
研究　Ⅳ.①F123

中国版本图书馆 CIP 数据核字（2019）第 260088 号

建设现代化经济体系

JIANSHE XIANDAIHUA JINGJI TIXI

著　　者	周跃辉
责任编辑	程　旭　周　艺
封面设计	逸品书装设计
出版发行	民主与建设出版社有限责任公司
电　　话	（010）59417747　59419778
社　　址	北京市海淀区西三环中路 10 号望海楼 E 座 7 层
邮　　编	100142
印　　刷	三河市天润建兴印务有限公司
版　　次	2019 年 12 月第 1 版
印　　次	2019 年 12 月第 1 次印刷
开　　本	710 毫米 ×1000 毫米　1/16
印　　张	13.25
字　　数	169 千字
书　　号	ISBN 978-7-5139-2690-4
定　　价	35.00 元

注：如有印、装质量问题，请与出版社联系。

建设现代化经济体系是
习近平经济思想的重要内容

2017 年 12 月 20 日闭幕的中央经济工作会议明确提出了"习近平新时代中国特色社会主义经济思想",并强调"习近平新时代中国特色社会主义经济思想,是五年来推动我国经济发展实践的理论结晶,是中国特色社会主义政治经济学的最新成果,是党和国家十分宝贵的精神财富,必须长期坚持、不断丰富发展"。"习近平新时代中国特色社会主义经济思想"的提出,正是党的十九大报告关于"习近平新时代中国特色社会主义思想"①的重要有机组成部分,该思想为我们理解和把握现代化经济体系的内涵和精髓,有力有序做好经济工作提供了根本遵循和方向指南。

一、理论特征:马克思主义政治经济学的最新成果

我们认为,研究习近平新时代中国特色社会主义经济思想,首要的问题是要弄清楚这一思想具有什么样的理论特征。2015 年 11 月,习近

---

① 在 2017 年中央经济工作会议之前,学术界关于习近平经济思想的研究文献已有不少,但"习近平新时代中国特色社会主义经济思想"这一范畴是在这次会议上首次提出来的。

平总书记在主持中央政治局第二十八次集体学习时提出，马克思主义政治经济学是马克思主义的重要组成部分，也是我们坚持和发展马克思主义的必修课。12月，中央经济工作会议首次明确提出"中国特色社会主义政治经济学"的范畴，并提出了"三个坚持"的基本原则。[①] 整体上看，习近平新时代中国特色社会主义经济思想，既是马克思主义政治经济学的最新成果，也是中国特色社会主义政治经济学的最新"版本"。概括起来讲，这一思想具有以下几个方面的理论特征。

（一）坚持马克思主义的基本立场、观点和方法论

概括地讲，所谓的立场，就是人们观察、认识和处理问题的立足点。而马克思主义的立场用一句话来概括，就是"坚持为无产阶级、为绝大多数劳动人民谋利益"的立场（习近平，2010）。这一点，在习近平总书记的思想体系中一以贯之。习近平在党的十八大后的首次公开讲话中，就鲜明宣示："人民对美好生活的向往，就是我们的奋斗目标。"他深情地说："人民对美好生活的向往，就是我们的奋斗目标"；"我们一定要始终与人民心心相印、与人民同甘共苦、与人民团结奋斗，夙夜在公，勤勉工作，努力向历史、向人民交出一份合格的答卷"，"必须促进社会公平正义、增进人民福祉，使改革发展成果更多更公平惠及全体人民"；"中央领导是人民的大勤务员"，"让人民共享人生出彩机会"（习近平，2017）。与此同时，习近平总书记提出的"以经济建设为中心是兴国之要，发展仍是解决我国所有问题的关键"（习近平，2013）。"经济体制改革仍然是全面深化改革的重点，经济体制改革的核心问题仍然是处理好政府和市场关系"（习近平，2014）。"我想特别强调的是，社会生

---

① 这次中央经济工作会议提出的"中国特色社会主义政治经济学"的重大原则，即坚持解放和发展社会生产力，坚持社会主义市场经济改革方向，坚持调动各方面积极性，充分调动人的积极性。

产力发展和综合国力提高，最终取决于科技创新"（习近平，2016）。"中国要永远做一个学习大国，不论发展到什么水平都虚心向世界各国人民学习，以更加开放包容的姿态，加强同世界各国的互容、互鉴、互通，不断把对外开放提高到新的水平"（习近平，2016）等论述，无不深刻地体现了马克思主义历史唯物主义和辩证唯物主义的基本观点和方法论。

（二）强调党对经济工作的领导

习近平总书记在党的十九大报告中提出的新时代中国特色社会主义"十四条基本方略"，第一条方略就是"坚持党对一切工作的领导"，并强调"党政军民学，东西南北中，党是领导一切的"（习近平，2017）。事实上，习近平新时代中国特色社会主义经济思想，不是政策措施的简单组合，而是一整套完整的决策机制、领导机制和协调机制（胡鞍钢、张新，2018）。历史经验表明，共产党不仅能够打天下，也能够治天下。党领导了新中国的经济建设，特别是领导了30多年改革开放，取得了震惊世界的"中国奇迹"。当前，在"四个全面"的战略布局下，坚持和完善党的领导，是我们加快发展的关键。习近平总书记强调全党同志维护中央权威，要把思想和行动统一到中央重大经济决策部署上来，"正确处理中央和地方、全局和局部、当前和长远的关系，正确对待利益格局调整，充分发扬党内民主，坚决维护中央权威，保证政令畅通，坚定不移实现中央改革决策部署。"（习近平，2017）同时，他还强调，必须"提高党的领导能力和执政能力"。习近平总书记指出：经济发展进入新常态，党领导经济工作的观念、体制、方式方法也要与时俱进。要加强党领导经济工作制度化建设，提高党领导经济工作法治化水平，增强党领导经济工作专业化能力，强化舆论引导工作（习近平，2017）。在高度注重加强党的领导的同时，习近平总书记对如何发挥政府在经济社会发展中的作用，也有深刻阐释，等等。

（三）对经济规律的充分尊重

习近平总书记在党的十八届三中全会上指出，市场决定资源配置是市场经济的一般规律，市场经济本质上就是市场决定资源配置的经济。如何正确认识并处理好政府与市场的关系，始终是中国经济体制改革的核心问题。习近平总书记关于"市场决定论"[①]的提出，体现了其尊重经济规律，注重运用规律的突出特点，在完善市场经济体制方面又坚定向前迈了一大步。作出这一论断，"有利于在全党全社会树立政府和市场关系的正确观念，有利于转变经济发展方式，有利于转变政府职能，有利于抑制消极腐败现象"（习近平，2013）。此外，习近平总书记认为，我国经济正在向形态更高级、分工更复杂、结构更合理的阶段演化，经济发展进入新常态，正从高速增长转向中高速增长，经济发展方式正从规模速度型粗放增长转向质量效率型集约增长，经济结构正从增量扩能为主转向调整存量、做优增量并存的深度调整，经济发展动力正从传统增长点转向新的增长点（习近平，2014）。他提出，发展必须是遵循经济规律的科学发展、必须是遵循自然规律的可持续发展、必须是遵循社会规律的包容性发展，这是我国经济发展必须遵循的三个规律，这一概括体现了习近平新时代中国特色社会主义经济思想对规律的充分尊重。

二、整体框架：习近平新时代中国特色社会主义经济思想的基本结构

如何概括和提炼习近平新时代中国特色社会主义经济思想的基本框

[①] "市场决定论"的原话为：使市场在资源配置中起决定性作用和更好发挥政府作用。该论断由习近平总书记在党的十八届三中全会上首次提出。

架，这是理论界面临的一道难题。学者们针对这一问题提出了各自的研究看法。王立胜（2017）的研究指出，习近平经济思想的理论框架体现在八个方面，即经济发展目标的新表述、经济发展趋势的新判断、发展理念理论的新集成、发展动力理论的新探索、发展道路理论的新概况、经济制度理论的新拓展、体制机制理论的新突破、国际经济理论的新倡议。[①] 韩保江（2015）的研究认为，可以从"发展是第一要务""经济发展新常态""经济增长多元动力"等角度理解习近平经济思想的基本内核，其基本内容包括"科技创新驱动发展""扩大内需拉动发展""结构优化提升发展""城乡区域协同促进发展""生态文明推动发展""全面改革保障发展"等六个方面。[②] 杨承训（2017）则从生产目的、系统集成、规律体系、发展动力、阶段方略、国际经济等六个方面作了概括和分析。[③] 周跃辉（2017）的研究从党的领导、政策体系、发展思路和方法论的四元结构角度作了概括和提炼。[④]

2017年的中央经济工作会议则提出，五年来，我们坚持观大势、谋全局、干实事，成功驾驭了我国经济发展大局，在实践中形成了以新发展理念为主要内容的习近平新时代中国特色社会主义经济思想。这次会议明确提出了用"七个坚持"来概括习近平新时代中国特色社会主义经济思想的基本内容，并强调"必须长期坚持、不断丰富发展"。结合以上相关研究和论述，本文提出可以用"判断—目标—理念—路径—方法—保障"的六元框架，来构建一个习近平新时代中国特色社会主义

① 王立胜：《习近平经济思想的理论逻辑》，《北京交通大学学报》（社会科学版）2017年第2期。

② 韩保江：《中国经济中高速增长的"多元动力"》，《中共中央党校学报》2015年第6期。

③ 杨承训：《拓展中国特色社会主义政治经济学的崭新境界——对习近平经济思想的初步梳理》，《毛泽东邓小平理论研究》2017年第5期。

④ 周跃辉：《以习近平新时代中国特色社会主义经济思想指导经济实践》，《学习时报》2017年12月22日。

经济思想的理论框架。

这个六元框架的逻辑关系为："判断"是习近平新时代中国特色社会主义经济思想体系的基石，有了这个判断，才有进一步的谋划和思路。该判断即为"中国经济由高速增长阶段转向高质量发展阶段"。在"判断"的基础上，习近平提出了中国经济的发展目标，即为"目标"层次，具体为"建设现代化经济体系"，这是党的十九大报告提出的一个重要范畴。有了"目标"，就要有相应的指导方针、指导思想或者说是指导理念来实现这个目标，这就有了"理念"层面，这个理念即为"五大新发展理念"，这个理念是用来把握"判断"并实现"目标"的。在此基础上，就需要战术层面的思想，即在"理念"的指导下中国经济具体"怎么办"的问题，习近平提出的方案为"供给侧结构性改革"，这是"路径"或者说是"主线"层面。当然，有了"判断—目标—理念—路径"，还缺一个"方法"层次，这就是习近平反复强调的"抓好经济工作要坚持稳中求进的方法论"。最后一个是"保障"，即"党的领导是保持经济持续健康发展的根本保障"。[①] 具体分述如下。

第一个层面，判断：中国经济已由高速增长阶段转向高质量发展阶段。

习近平指出，我国经济已由高速增长阶段转向高质量发展阶段，正处在转变发展方式、优化经济结构、转换增长动力的攻关期，建设现代化经济体系是跨越关口的迫切要求和我国发展的战略目标。必须坚持质量第一、效益优先，以供给侧结构性改革为主线，推动经济发展质量变革、效率变革、动力变革，提高全要素生产率，着力加快建设实体经济、科技创新、现代金融、人力资源协同发展的产业体系，着力构建市场机制有效、微观主体有活力、宏观调控有度的经济体制，不断增强我

---

① 这个"六元框架"系在学术界首次提出来，不准确之处由本人承担责任。

国经济创新力和竞争力。^①中央经济工作会议亦指出，中国特色社会主义进入了新时代，我国经济发展也进入了新时代，基本特征就是我国经济已由高速增长阶段转向高质量发展阶段。从经济发展实质看，就是要实现三个转变，一是要从数量追赶转向质量追赶。改革开放是从短缺开始起步的，30 多年的时间完成了一个很重要的任务，就是填补"数量的缺口"。现在很多领域出现了产能过剩，那么，未来很重要的任务就是填补"质量的缺口"。二是要从规模扩张转向结构升级。未来产业发展主要不是靠规模扩张，而是产业价值链和产品附加值的提升。三是要从要素驱动转向创新驱动。我们要素的数量红利，无论是劳动力、资源、土地，应该说正在消失。而现在我们面临的最大的要素瓶颈就是创新能力和人力资本的不足，因此，中国经济转向高质量发展必须提高我们的全要素生产率。^②

第二个层面，理念：形成以创新、协调、绿色、开放、共享为体系的指导理念。

习近平强调："理念是行动的先导，一定的发展实践都是由一定的发展理念来引领的。发展理念是否对头，从根本上决定着发展成效乃至成败。"^③他提出，实现"十三五"时期发展目标，破解发展难题，厚植发展优势，必须牢固树立创新、协调、绿色、开放、共享的发展理念。这五大发展理念集中反映了我们党对我国经济社会发展规律认识的深化，是习近平新时代中国特色社会主义经济思想的主要内容。新发展理念集中反映了我们党对经济社会发展规律认识的深化，是我国发展理论的又一次重大创新。改革开放 30 多年来，我们党总是根据形势和任务

---

① 《党的十九大报告》，人民出版社 2017 年版，第 18 页。
② 王一鸣：《高质量发展阶段要适合中国的基本国情》，《中国发展观察》2018 年第 4 期。
③ 本书编写组：《中共中央关于制定国民经济和社会发展第十三个五年规划的建议》，人民出版社 2015 年版，第 10 页。

的变化，适时提出相应的发展理念和战略，引领和指导发展实践。从以经济建设为中心、发展是硬道理，到发展是党执政兴国的第一要务，到坚持科学发展、全面协调可持续发展，到坚持五位一体总体布局，每一次发展理念、发展思路的创新和完善，都推动实现了发展的新跨越。坚持创新发展，就是要更加注重解决发展动力问题，推动经济保持中高速增长、迈向中高端水平；坚持协调发展，就是要更加注重解决发展不平衡问题，着力增强发展的整体性；坚持绿色发展，就是要更加注重解决人与自然和谐问题，建设天蓝地绿水清的美丽中国；坚持开放发展，就是要注重解决发展内外联动问题，进一步提升开放型经济水平；坚持共享发展，就是要注重解决社会公平正义问题，不断增进人民福祉。

第三个层面，目标：建设现代化经济体系。

习近平指出，建设现代化经济体系，必须把发展经济的着力点放在实体经济上，把提高供给体系质量作为主攻方向，显著增强我国经济质量优势。加快建设制造强国，加快发展先进制造业，推动互联网、大数据、人工智能和实体经济深度融合，在中高端消费、创新引领、绿色低碳、共享经济、现代供应链、人力资本服务等领域培育新增长点、形成新动能。支持传统产业优化升级，加快发展现代服务业，瞄准国际标准提高水平。促进我国产业迈向全球价值链中高端，培育若干世界级先进制造业集群。加强水利、铁路、公路、水运、航空、管道、电网、信息、物流等基础设施网络建设。坚持去产能、去库存、去杠杆、降成本、补短板，优化存量资源配置，扩大优质增量供给，实现供需动态平衡。[①]他在中央政治局第三次集体学习上，进一步对什么是"现代化经济体系"，怎样"建设现代化经济体系"作了深入的分析和阐述。他指出，现代化经济体系，是由社会经济活动各个环节、各个层面、各

---

① 《党的十九大报告》，人民出版社 2017 年版，第 30 页。

个领域的相互关系和内在联系构成的一个有机整体。要建设创新引领、协同发展的产业体系，实现实体经济、科技创新、现代金融、人力资源协同发展，使科技创新在实体经济发展中的贡献份额不断提高，现代金融服务实体经济的能力不断增强，人力资源支撑实体经济发展的作用不断优化。①

第四个层面，路径：形成以供给侧结构性改革为主线的发展路径。

供给侧结构性改革的提出，是以习近平总书记为核心的党中央对我国经济发展思路的重大调整。习近平提出，我国经济运行面临的突出矛盾和问题，虽然有周期性、总量性因素，但根源是重大结构性失衡，导致经济循环不畅，必须从供给侧、结构性改革上想办法，努力实现供求关系新的动态均衡。当前和今后一个时期，制约我国经济发展的因素，供给和需求两侧都有，但矛盾的主要方面在供给侧。要加大供给侧结构性改革力度，重点是促进产能过剩有效化解，促进产业优化重组，降低企业成本，发展战略性新兴产业和现代服务业，增加公共产品和服务供给，着力提高供给体系质量和效益，更好满足人民需要，推动我国社会生产力水平实现整体跃升，增强经济持续增长动力。供给侧结构性改革，最终目的是满足需求，就是要深入研究市场变化，理解现实需求和潜在需求，在解放和发展社会生产力中更好满足人民日益增长的物质文化需要。主攻方向是提高供给质量，就是要减少无效供给、扩大有效供给，着力提升整个供给体系质量，提高供给结构对需求结构的适应性。根本途径是深化改革，就是要完善市场在资源配置中起决定性作用的体制机制，深化行政管理体制改革，打破垄断，健全要素市场，使价格机制真正引导资源配置。②

---

① 习近平：《深刻认识建设现代化经济体系重要性，推动我国经济发展焕发新活力迈上新台阶》，《人民日报》2018年2月1日。
② 《2017年中央经济工作会议公报》，《人民日报》2016年12月17日。

第五个层面，方法：形成稳中求进经济工作方法论。

习近平指出，稳中求进工作总基调是治国理政的重要原则，也是做好经济工作的方法论。他提出，抓经济工作要坚持稳中求进、改革创新。要稳扎稳打，步步为营，统筹稳增长、调结构、促改革，巩固稳中向好的发展态势，促进经济社会稳定，为全面深化改革创造条件。同时，要积极推动全面深化改革，坚持问题导向，勇于突破创新，以改革促发展、促转方式调结构、促民生改善。稳的重点要放在稳住经济运行上，进的重点是深化改革开放和调整结构。[①]稳和进有机统一、相互促进。经济社会平稳才能为深化改革开放和经济结构调整创造稳定的宏观环境。当然，"稳"和"进"是辩证统一的，要作为一个整体来把握，把握好工作节奏和力度。坚持稳中求进总基调，要求统筹各项政策，加强政策协同，要求积极的财政政策取向不变，稳健的货币政策要保持中性，结构性政策要发挥更大作用，社会政策要注重解决突出民生问题，改革开放要加大力度，要求在经济体制改革上步子再快一些。要求进一步扩大对外开放，大幅放宽市场准入，加快形成全面开放新格局。同时，习近平总书记还强调，抓好经济工作要坚持问题导向部署经济发展新战略，保持战略定力、坚持底线思维，一步一个脚印向前迈进。

第六个层面，保障：形成党对经济工作的集中统一领导的体制机制。

党的十八大以来，在以人民为中心的发展思想指导下，不断加强和完善中央财经领导小组工作的体制机制，在中央政治局常委会领导下开展工作，党领导经济工作取得显著成效。[②]党中央每个季度都要分析研

---

① 中共中央文献研究室编，《习近平关于社会主义经济建设论述摘编》，中央文献出版社 2017 年版，第 318 页。

② 中央财经领导小组是中共中央政治局领导经济工作的议事协调机构，是中国经济的核心领导和决策部门。其成员由分管经济工作的中共中央政治局成员、国务院领导成员和部分综合经济管理机构的领导成员组成。

究经济形势，并定期研究部署重大战略问题，这一机制对推动我国经济健康可持续发展起到了重要指导作用。比如，供给侧结构性改革、发挥市场在资源配置中起决定性作用、完善宏观调控、推动京津冀协同发展、深入实施创新驱动发展战略等重大政策措施的推出，显著地改善和提高了党对经济工作的领导作用。每年年底召开的中央经济工作会议，通常由中共中央总书记作主旨报告，总结本年度经济发展情况，部署下一年度经济工作，并由中央政治局常委、国务院总理对下一年经济工作作出具体部署。这些体制机制，极大地加强了党中央对全国经济工作的统一领导，保证了中国经济巨轮不偏航、不失速。习近平强调："要加强领导干部能力建设，提高领导经济工作科学化水平。善于做经济工作，是领导干部能力十分紧要的方面。面对前所未有的复杂形势和艰巨繁重的任务，我们必须拥有更多政策水平高、专业能力强、实践经验多、善于做经济工作的领导人才。各级领导干部特别是高级干部要围绕经济社会发展重大问题加强学习和调研，提高把握和运用市场经济规律、自然规律、社会发展规律能力，提高科学决策、民主决策能力，增强全球思维、战略思维能力，做到厚积薄发。"此外，各地区党委亦不断加强对地方重大经济问题的研究和决策，有力地推动了区域经济发展。

三、高质量发展：用习近平新时代中国特色社会主义经济思想指导经济实践

中央经济工作会议指出，中国特色社会主义进入了新时代，我国经济发展也进入了新时代，基本特征就是我国经济已由高速增长阶段转向高质量发展阶段。当前和未来一段时期，抓好我国经济工作的关键就在于要以习近平新时代中国特色社会主义经济思想为指导，推动中国经济从高速增长阶段转向高质量发展。

（一）深化供给侧结构性改革

供给侧结构性改革[1]是习近平新时代中国特色社会主义经济思想的重要组成部分。继续强化供给侧结构性改革在经济发展中的主线作用，要推进中国制造向中国创造转变，中国速度向中国质量转变，制造大国向制造强国转变。深化要素市场化配置改革，重点在"破""立""降"上下功夫。大力破除无效供给，把处置"僵尸企业"作为重要抓手，推动化解过剩产能；大力培育新动能，强化科技创新，推动传统产业优化升级，培育一批具有创新能力的排头兵企业，积极推进军民融合深度发展；大力降低实体经济成本，降低制度性交易成本，继续清理涉企收费，加大对乱收费的查处和整治力度，深化电力、石油、天然气、铁路等行业改革，降低用能、物流成本。加快推动国有企业改革（习近平，2017）。

（二）实施乡村振兴战略

乡村振兴、农业发展、农民富裕是实现高质量经济发展的必然要求，也是践行习近平新时代中国特色社会主义经济思想的重要方面。无论处于什么样的发展阶段，农业、农村、农民问题始终是关系国计民生的根本性问题，必须始终把解决好"三农"问题作为全党工作的重中之重。坚持工业反哺农业、城市支持农村和多予少取放活方针，不断加大强农、惠农、富农政策力度，始终把"三农"工作牢牢抓住、紧紧抓好（习近平，2017）。要科学制定乡村振兴战略规划。健全城乡融合发展体制机制，清除阻碍要素下乡的各种障碍。推进农业供给侧结构性改

---

[1] 供给侧结构性改革政策的提出，实质上是将中国经济宏观调控的着力点由需求端转向供给端，这是对宏观调控理论的一次重大革新。

革，坚持质量兴农、绿色兴农，农业政策从增产导向转向提质导向。深化粮食收储制度改革，让收储价格更好反映市场供求，扩大轮作休耕制度试点。

（三）实施区域协调发展战略

推动区域协调发展是实现高质量经济发展的重要方面。要实现基本公共服务均等化，基础设施通达程度比较均衡，人民生活水平大体相当。京津冀协同发展要以疏解北京非首都功能为重点，保持合理的职业结构，高起点、高质量编制好雄安新区规划。推进长江经济带发展要以生态优先、绿色发展为引领。要围绕"一带一路"建设，创新对外投资方式，以投资带动贸易发展、产业发展。支持革命老区、民族地区、边疆地区、贫困地区改善生产生活条件。推进西部大开发，加快东北等老工业基地振兴，推动中部地区崛起，支持东部地区率先推动高质量发展。科学规划粤港澳大湾区建设。提高城市群质量，推进大中小城市网络化建设，增强对农业转移人口的吸引力和承载力，加快户籍制度改革落地步伐。引导特色小镇健康发展。

（四）推动形成全面开放新格局

开放带来进步，封闭必然落后，没有高水平的开放型经济体系，高质量的经济发展也就无从谈起。实行更加积极主动的开放战略，完善互利共赢、多元平衡、安全高效的开放型经济体系，促进沿海内陆沿边开放优势互补，形成引领国际经济合作和竞争的开放区域，培育带动区域发展的开放高地。坚持出口和进口并重，推动对外贸易平衡发展；坚持"引进来"和"走出去"并重，提高国际投资合作水平；深化涉及投资、贸易体制改革，完善法律法规，为各国在华企业创造公平经营的法治环境。统筹双边、多边、区域次区域开放合作，加快实施自由贸易区战略，推动同周边国家互联互通。更加有效地引导支持对外投资。

（五）提高保障和改善民生水平

以人为中心是习近平新时代中国特色社会主义经济思想的基本立场。要针对人民群众关心的问题精准施策，着力解决中小学生课外负担重、"择校热""大班额"等突出问题，解决好婴幼儿照护和儿童早期教育服务问题。注重解决结构性就业矛盾，解决好性别歧视、身份歧视问题。改革完善基本养老保险制度，加快实现养老保险全国统筹。继续解决好"看病难、看病贵"问题，鼓励社会资金进入养老、医疗等领域。着力解决网上虚假信息诈骗、倒卖个人信息等突出问题。做好民生工作，要突出问题导向，尽力而为、量力而行，找准突出问题及其症结所在，周密谋划、用心操作。加快建立多主体供应、多渠道保障、租购并举的住房制度。加快生态文明体制改革，健全自然资源资产产权制度，研究建立市场化、多元化生态补偿机制，改革生态环境监管体制。①

---

① 2017年12月召开的中央经济工作会议，将"实现高质量发展"的具体任务列为八个方面，本文根据逻辑框架稍作了调整。

目　录

第一章　现代化经济体系概述

习近平总书记在党的十九大报告中首次提出来要"贯彻新发展理念，建设现代化经济体系"，并强调"建设现代化经济体系是跨越关口的迫切要求和我国发展的战略目标"。建设现代化经济体系是一篇大文章，既是一个重大理论命题，更是一个重大实践课题，需要从理论和实践的结合上进行深入研究和探讨。可以说，建设现代化经济体系既是转变经济发展方式、优化经济结构、转换经济增长动力的迫切要求，也是实现"两个百年"奋斗目标的必然选择。

一、中国经济发展进入新阶段

经过 30 多年的高速增长，虽目前已转入高质量发展阶段，但 2020 年我国 GDP 总量已超过 100 万亿元，占世界经济总量超过 16%。从经济总量、经济结构、经济效益、经济影响等层面看，我国已成为名副其实的经济大国，但也不可否认，我国将面临人口红利衰减、"中等收入陷阱"、国际经济格局深刻调整等一系列的风险和挑战。中国经济正进入到一个新的发展阶段。

（一）已成为经济大国，站在迈向经济强国的新起点

据统计，1978年，我国GDP只有1 482亿美元，居世界第十位。2018年，我国GDP初步核算超过90万亿元，继续位居世界第二位。从我国东部沿海部分发达省市看，某些省市的经济总量或人均GDP已接近或超过世界上一些中等发达国家的水平。较之2010年国内生产总值的40.15万亿元，"十二五"末，我们的经济总量超过68万亿元，经济规模又迈上一个新台阶。

根据联合国的统计，到2018年年底，我国钢、煤、水泥、棉布等200多种工业品产量居世界第一位，中国制造业大国的地位基本确立（见表1-1）。通过经济总量、部分省市人均GDP、制造业产值等综合指标的横向比较，可看出我国改革开放30多年创造了世界经济史上的"增长奇迹"，已成为名副其实的经济大国，这是中国经济进入新阶段的重要特征。

表1-1 中国工业主要产品产量居世界的位次

产品名称	1978年	1980年	1990年	2000年	2008年	2010年	2018年
粗钢	5	5	4	2	1	1	1
煤	3	3	1	1	1	1	1
原油	8	6	5	5	5	4	4
发电量	7	6	4	2	2	1	1
水泥	4	4	1	1	1	1	1
化肥	3	3	3	1	1	1	1
棉布	1	1	1	2	1	1	1

数据来源：联合国FAO数据库。

我们还可用国内生产总值的世界占比、科技创新水平指数、服务业产值占比、城市化率等综合指标来分析中国目前在全球的经济地位。具

体分析我国的基本情况，从国内生产总值的世界占比看，根据 IMF 的统计，2018 年，美国、日本、德国等国家的国内生产总值占世界 GDP 总量的比重分别为 22.7%、6.6%、4.9%，其中中国国内生产总值的世界占比为 12.4%，我国已经具备了迈入经济强国的经济总量门槛条件。从科技创新水平指数看，2018 年中国的科技创新能力排名为第 12 位。从服务业产值占比看，2018 年美国、日本、德国、英国、法国等国家的服务业产值占 GDP 的比重分都在 80% 左右，中国的服务业产值占比为 48.2%。

同时应清醒地认识到，经济规模大并不代表国际竞争力强。从历史上看，鸦片战争前的 1830 年，我国的 GDP 总量虽然仍占到世界经济总量的 29%，仍居世界首位，而这一年英国的 GDP 仅占世界经济总量的 9.5%，但产业结构与中国完全不一样。此时的英国钢铁产量不断增加，机器制造迅猛发展，英国开始向西欧各个国家输出蒸汽机及各种技术设备，中国的 GDP 总量则主要来自农产品和手工业品。直到 1840 年，英国用产业革命带来的坚船利炮打开了中国的国门，中国开始沦为积弱积贫的国家。因此，站在成为经济大国的历史新起点上，我们应当更加重视产业结构优化和经济质量提升，只有这样才能真正提升国家竞争力，才能真正实现经济强国的伟大目标。

（二）"刘易斯转折点"加速到来，要素资源约束加剧

所谓"刘易斯转折点"是指这样一种情况：在发展中国家中普遍存在二元经济结构，在剩余劳动力消失之前，社会可以源源不断地供给工业化所需要的劳动力，即劳动力的供给是无限的，同时工资还不会上涨。直到有一天，工业化把剩余劳动力都吸纳干净了，这个时候若要继续吸纳剩余劳动力，就必须提高工资水平。否则，农业劳动力就不会进

入工业部门。这个临界点就叫作"刘易斯转折点"①。

改革开放以来，中国经济持续快速增长的一个重要推动力就是人口红利的持续释放。由于生产成本和国内劳动力工资低，制造业企业纷纷离岸外包到中国。这一比较优势正随着我国人口结构的变化而在不断衰减。统计数据表明，2012年，15～59岁的劳动年龄人口为93 727万人，比上年末减少345万人。与此同时，老年人口的比重继续攀升，60周岁及以上人口19 390万人，占总人口的14.3%，比上年末提高0.59个百分点。2013年，16～59岁的劳动力资源数量减少了244万人。中国人口红利拐点的出现，带来三大后果：一是劳动力成本上升，劳动力成本比较优势逐步减弱；二是由于老龄人口增加，人口抚养比提高，储蓄率将会下降，推高资金成本；三是劳动力人口总量减少，带来"民工荒"等用工短缺现象。这三大后果直接导致中国潜在经济增长率的降低。

从2010年开始，按照常住人口的口径，即考虑到劳动力从农村向城市流动因素的情况下，农村劳动年龄人口的减少量，已经逐年接近城市劳动年龄人口的增加量（两者相等的那个点就是中国作为一个整体，劳动年龄人口停止增加的时刻），劳动力市场已经在逐步对此做出反应，一方面表现为全国范围不断出现"民工荒"现象，另一方面表现为农民工工资逐年上涨。而按照定义，这就是"刘易斯转折点"到来的特征性表现。从本质上讲，"刘易斯转折点"的到来，就意味着传统人口红利的消失。当然，今后和未来一段时期，我们应当通过提高劳动人口的资本存量来创造新的人口红利，加快从人口大国走向人力资源大国。

此外，要素资源的供给约束日益加剧，这也显示中国经济已到了一个新的发展阶段。过去30多年，我国过度依靠投资和外需的经济增长

---

① 刘易斯，即威廉·阿瑟·刘易斯，因其在发展中国家的经济发展方面做出了开创性研究，于1979年获诺贝尔经济学奖，"刘易斯转折点"即以他的名字命名。

模式，已使得能源、资源、环境的制约影响越来越明显。据统计，目前我国淡水、一次能源、钢材、水泥、常用有色金属等五类主要资源的平均消耗强度高出世界平均水平约 90%，是世界上国内生产总值能耗最高的国家之一。石油、铁矿石、铜精矿、铝土矿等重要矿产资源的对外依存度均超过 50%，进口压力不断增大。可以说，要素的边际供给增量已难以支撑传统的经济高速发展路子，这也在客观上促使中国经济逐步回落到一个新的平稳增长区间。

（三）进入中等收入国家行列，面临"中等收入陷阱"风险

2020 年，我国人均 GDP 已接近 1 万美元，按照世界银行的标准，已进入上中等收入国家行列，经济发展进入到一个新的历史阶段（见表 1-2）。拉美、东南亚一些国家早就进入到中等收入国家的行列，但由于多数国家在向高收入经济攀升中，经济增长仍然依赖从低收入经济体发展成为中等收入经济体的战略、模式和方法，进一步的经济增长被原有的增长机制锁定，人均国民收入难突破高收入的下限，导致这些国家一直徘徊在中等收入的水平上，这就是"中等收入陷阱"。站在新的发展起点上，我们必须清醒地认识当前所面临的"中等收入陷阱"的风险与挑战，努力实现"新常态"下顺利跨越"中等收入陷阱"。

表 1-2　世界银行 2018 年最新的划分标准（人均国民总收入）

低收入国家	低于 975 美元
中等偏下收入国家	976—3 855 美元之间
中等偏上收入国家	3 855—11 905 美元之间
高收入国家	高于 11 906 美元

第一，科技创新能力有待进一步提高。"技术创新能力不够，导致投入产出效率低下"是一些经济体掉入"中等收入陷阱"的首要基本特

征。从整体上看，我国的科技创新能力偏低，产业技术水平有待进一步提高。近些年来，我国建设创新型国家成效显著，载人航天、探月工程、高速铁路等实现重大突破，但是原创性的发明、关键核心技术的掌握还与世界经济强国有不少差距。我国产、学、研相结合的技术创新体系尚不健全，自主知识产权和名牌产品不多，新兴产业的带动作用还不强，科技成果直接转化为生产力的能力较弱。2019 年 11 月，世界知识产权组织等联合发布《2019 年全球创新指数报告》，"最具创新力经济体"的前五位依次是瑞士、瑞典、美国、荷兰和英国，而中国排在第 14 位。

第二，经济结构调整进展缓慢。"经济过度依赖外需，导致经济无法平稳发展"是一些国家和地区陷入"中等收入陷阱"的基本特征之一。从我国的经济运行实际情况看，我国长期依靠外需拉动的经济增长模式，在一系列旨在扩大内需的有力政策支持下，已经有了重大调整。但值得指出的是，现有研究表明，2000～2018 年，我国经济增长中的消费率一直呈现出下降的趋势，而投资率始终处于高位。应当说，扩大内需尤其是扩大消费需求的长效机制还没有建立起来。此外，尽管近些年我国的产业结构调整在不断推进，但第一产业基础不稳、第二产业核心竞争力不强、第三产业比重过低的问题仍然突出。随着我国经济增速的回落，产业结构、需求结构、区域结构等经济结构不合理的问题将进一步暴露。此外，产能过剩问题突出，城乡之间、区域之间发展的差距不断扩大，同样亟待加以解决。

第三，收入分配的公平性有待提高。改革开放以前，我国以牺牲农业为代价，优先发展重工业。低价收购农产品，为工业提供资金积累和对城市进行补贴，以期达到工业化，形成收入分配向城镇居民倾斜。改革开放以来，尽管政府采取了一系列措施缩小城乡居民收入差距，但是，由于我国存在着明显的经济结构，使城乡居民收入水平有不断扩大的态势。20 世纪 90 年代以来，我国城乡居民收入水平总体低于经济增长，城镇居民人均可支配收入实际增长低于经济增长的幅度少于农村居民人均纯收入实际增长低于经济增长的幅度。从我国国民可支配收入构成的变化看，企业和政府部门收入在国民收入分配中的总体占比呈上升趋势，住户部门收入占比总体呈下降趋势。收入分配的不公平性，也导致社会利益的固化，社会的流动性降低，容易引发群众的不满和社会的矛盾。

（四）体制机制障碍较多，全面深化改革进入攻坚期

我国经济关系中政企不分、政资不分、政社不分、政事不分的现象仍比较突出，财税体制弊端凸显，税制不合理，中央和地方的财力与事权不匹配，现代金融体系有待完善，所有制结构和收入分配结构出现不少新矛盾。从整体上看，我国全面深化改革已进入到了攻坚期、深水区。

第一，重要改革依然滞后。尽管通过 30 多年的改革开放，一些方面的改革已取得了突破性进展，但市场化导向的改革并没有彻底完成，很多地方还不到位。以新型城镇化为核心的土地制度、户籍制度、社会保障制度、投融资体制等领域的配套改革还处于起步阶段，需要进一步全面深化改革。此外，政府部门对微观经济活动的干预仍然较多，行政性审批方式在资源配置方面还占据很大地位。在市场起决定性作用的新常态下，政府职能需要重新定位和调整，需要理顺体制机制，实现行政流程再造。新一届中央政府成立以来，经过三年多的努力，把国务院部门实施的行政审批事项再减少 1/3 的任务已提前完成。但不可否认的是，下放或取消的行政审批事项的含金量还有待提高。

第二，改革已进入攻坚期。全面深化改革就必定要触动原有的利益格局，但触动利益往往比触及灵魂还难。在改革起步阶段，由于改革带有"普惠式"，改革普遍受益，改革的深层次问题往往不会凸显出来，

改革阻力较小，改革共识较为容易达成。新一轮改革已经越过了"帕累托改进"阶段，当时那些绕过去的和放在一边的矛盾和问题并不会因此而消失，相反可能随着改革推进而成为绕不过去的"拦路虎"。今天，这些累积的矛盾和问题，已经摆在我们的面前，躲不开也绕不过。换句话说，改革已进入深水区，进入攻坚阶段，改革的艰巨性、复杂性和纵深性在不断加强。同时，要加强社会主义市场经济的法治建设，一方面要积极理顺各地区、各部门的法规条例，打破各种利益主体之间的藩篱，另一方面要加快改革的法治化进程，确保每项改革举措都有法可依。

第三，形成合力难度加大。伴随着改革的纵深推进，各种利益主体之间的矛盾开始凸显，一些矛盾积重难返，改革往往要动既得利益的"奶酪"。要推动改革，就必定需要付出代价，而作为改革的组织者、推动者的各个部门、区域等，自身也就成了改革的对象，自己改革自己，甚至在改革过程中必须大幅度放弃自身的权力和利益，如果没有壮士断腕的政治勇气，改革就很难进一步推进。比如，我国当前的经济结构调整、财税体制改革、"三网融合"问题等，就涉及"条条框框"的各方利益，使得改革难以有效推进。

（五）世界经济格局深刻调整，全球治理进入新阶段

自 2008 年国际金融危机至今，世界经济增长已经度过了两次探底。各个经济体增速分化加剧，政治、经济、地缘等各种因素相互交织和对世界经济影响加深，世界经济仍处于国际金融危机后的深度调整期。当前，世界经济仍将面临诸多不稳定、不确定性因素，复苏道路依然曲折，大幅回暖的概率较小，使得中国的外部经济环境更加复杂。

发达国家集体陷入"日本病"。主要表现为：一是进入流动性陷阱。美国、欧洲和日本普遍利率水平非常低，都在 1% 左右甚至更低。各国

纷纷采取非常规的货币政策，如美国的量化宽松、日本央行扩大购买债券等。二是深陷债务危机。欧洲国家刚从欧债危机中挣脱出来，经济仍需较长时间才能恢复动力。日本、美国的总体负债率甚至比欧洲债务危机更高。居高不下的政府债务水平，使得政府刺激经济的能力大大减弱。三是人口老龄化。日本、欧洲人口老龄化现象日趋严重。美国"婴儿潮"时期出生的人群现在大部分已经退休，未来的老龄化压力也将趋升。这在很大程度上会造成全球的需求萎缩，削弱中国的外部需求。新兴经济体集体进入调整期。一些国家出现了资金外流、通货膨胀、经济增速回落的现象。新兴经济国家的经济表现随着经济自主性的不同而出现分化。俄罗斯、巴西等过度依赖资源能源价格的国家，经济增长速度出现明显下降。印度尽管受国际贸易影响幅度较小，但其脆弱的金融体系在国际资金外逃情况下受到严重冲击。从整体上看，这可能会使全球竞争更加激烈，引发贸易保护主义的抬头。

从全球治理体系看，20国集团（G20）作为全球经济治理的首要平台，在世界各国以及国际组织通过协商合作，遏制危机蔓延、加强金融监管、促进国际货币体系改革等方面，一度取得了初步成效。但随着危机的逐步缓解，各国之间、特别是G20内部各种矛盾分歧日益显现。而围绕全球治理体系的竞争日趋激烈，各国都在加快调整发展模式，重塑和发展具有比较优势的产业，纷纷试图抢占经济制高点和全球话语权。以跨太平洋伙伴关系协定（TPP）、跨大西洋贸易与投资协定（TTIP）为代表的"两洋战略"区域合作谈判，对我国提出高标准，对我国经济发展构成制约。

二、高质量发展是优化升级的经济

2013年12月10日，习近平总书记在中央经济工作会议上首次提出："我们注重处理好经济社会发展各类问题，既防范增长速度滑出底线，又理性对待高速增长转向中高速增长的新常态；既强调改善民生工作，又实事求是调整一些过度承诺；既高度关注产能过剩、地方债务、房地产市场、影子银行、群体性事件等风险点，又采取有效措施化解区域性和系统性金融风险，防范局部性问题演变成全局性风险。"这里提出了新常态的"一元特征"，主要是基于对经济增速的关注，即"高速增长转向中高速增长"。2014 年 11 月 10 日，习近平主席在 APEC 工商领导人峰会开幕式上提出："中国经济呈现出新常态，有几个主要特点。一是从高速增长转为中高速增长。二是经济结构不断优化升级，第三产业、消费需求逐步成为主体，城乡区域差距逐步缩小，居民收入占比上升，发展成果惠及更广大民众。三是从要素驱动、投资驱动转向创新驱动。"① 这里提出了新常态的"三元特征"，即增速转换、结构优化和驱动转变。2014 年 12 月，习近平总书记在中央经济工作会议上对"新常态"做了更加深入的论述，提出："我国经济正在向形态更高级、分工更复杂、结构更合理的阶段演化，经济发展进入新常态，正从高速增长转向中高速增长，经济发展方式正从规模速度型粗放增长转向质量效率型集约增长，经济结构正从增量扩能为主转向调整存量、做优增量并存的深度调整，经济发展动力正从传统增长点转向新的增长点。"这里提出了新常态的"四元特征"，即增长速度转换、发展方式转变、经济结构优化和发展动力转换。可见，习近平总书记对"新常态"的认识也是在不断深化的。

在中央经济工作会议上，习近平总书记还提出了新常态的九个趋势性特征：即从消费需求看，过去我国消费具有明显的模仿型排浪式特

---

① 习近平：《谋求持久发展，共筑亚太梦想——在亚太经合组织工商领导人峰会开幕式上的演讲》，《人民日报》2014 年 11 月 10 日。

征，现在模仿型排浪式消费阶段基本结束，个性化、多样化消费渐成主流；从投资需求看，传统产业相对饱和，但基础设施互联互通和一些新技术、新产品、新业态、新商业模式的投资机会大量涌现；从出口和国际收支看，现在全球总需求不振，必须加紧培育新的比较优势，使出口继续对经济发展发挥支撑作用；从生产能力和产业组织方式看，现在传统产业供给能力大幅超出需求，新兴产业、服务业、小微企业作用更加凸显，生产小型化、智能化、专业化将成为产业组织新特征；从生产要素相对优势看，过去劳动力成本低是最大优势，现在人口老龄化日趋发展，经济增长将更多依靠人力资本质量和技术进步；从市场竞争特点看，过去主要是数量扩张和价格竞争，现在正逐步转向以质量型、差异化为主的竞争；从资源环境约束看，过去能源资源和生态环境空间相对较大，现在必须顺应人民群众对良好生态环境的期待，推动形成绿色低碳循环发展新方式；从经济风险积累和化解看，必须标本兼治、对症下药，建立健全化解各类风险的体制机制；从资源配置模式和宏观调控方式看，全面刺激政策的边际效果明显递减，必须全面把握总供求关系新变化，科学进行宏观调控。[①]

值得指出的是，目前社会上对经济新常态有不少的认识误区。有人将经济一路下滑视为新常态，事实上，经济下行压力既来自外部，也来自内部，并非无药可解，也并非"自由落体"。当前，我国工业化和城镇化尚未完成，经济发展的回旋余地大、空间足、韧性好，经济下行只是短期压力，而且中国目前能够保持 7% 左右的增速，在世界主要经济体中依然是高速的。有人将通货紧缩视为新常态，实际上，通货紧缩是当前我国经济运行的主要风险，但我们并没有陷入通货紧缩，且通货紧缩属于短期经济波动问题，我国财政政策和货币政策还有很大运作空

---

① 《2014 年中央经济工作会议公报》，《人民日报》2014 年 12 月 12 日。

间，如果措施得当，完全可以避免出现通货紧缩的局面。有人将产能过剩视为新常态，从现实角度看，随着我国市场经济体制的不断完善以及国际产能和装备合作的深入推进，今后和未来一段时期，产能过剩风险将会得到有效化解。也有人认为，新常态下就可以不要 GDP 了，这是一种严重的认识误区。当前，中国还是发展中国家，解决好一切问题的关键还是靠发展，试想，没有了 GDP 作为支撑，保就业、惠民生从何谈起？只是在新常态下，我们不要"带血"的 GDP，而要绿色的 GDP、包容性的 GDP、可持续的 GDP。当然，新常态下，我们要能忍受经济增速一定程度的下滑，要保持和增强战略定力。正如 2014 年 5 月 10 日习近平总书记在河南考察时所提出的："我国发展仍处于重要战略机遇期，我们要增强信心，从当前我国经济发展的阶段性特征出发，适应新常态，保持战略上的平常心态。"[1]

认识新常态，适应新常态，引领新常态，是"十三五"时期我国经济发展的大逻辑。面对着中国经济呈现出的上述变化和趋势性特征，使得我国未来经济发展环境更趋复杂。但正是在这些变化和趋势中，又存在着许多新的机遇，只要把握得好，就有可能推动中国经济实现全方位的优化升级。整体上看，体现在以下几个方面。

（一）经济增速由高速向中高速转换

增速转换是中国经济新常态的基本特征。自 2010 年第二季度算起，至 2015 年上半年，我国经济连续 20 个季度下滑，新一届中央政府采取了一系列"稳增长、调结构、促改革"的宏观调控措施，到 2014 年的上半年，宏观经济运行的许多指标出现企稳势头，并初步稳定了市场预期。根据国家统计局的数据显示，2015 年 1～2 季度的 GDP 增速为 7%，

---

[1] 《习近平在河南考察》，《人民日报》2013 年 5 月 10 日。

经济呈现出进一步回落的态势。应当说，我国经济正逐步由过去 30 多年年均接近两位高速增长向 7% 左右的中高速增长转换（见表 1-3）。从整体上看，2013 ～ 2020 年的战略节点，中国经济将进入一个中高速的经济增长阶段。

表 1-3　GDP 环比和同比增长速度

	GDP 环比增长速度（%）	GDP 同比增长速度（%）
2013 年 1 季度	1.7	7.8
2 季度	1.8	7.5
3 季度	2.3	7.9
4 季度	1.8	7.6
2014 年 1 季度	1.6	7.4
2 季度	1.9	7.5
3 季度	1.9	7.3
4 季度	1.5	7.3
2015 年 1 季度	1.3	7.0
2 季度	1.7	7.0

注：1. 环比增长速度为经季度调整后与上一季度对比的增长速度；
　　2. 同比增长速度为与上年同期对比的增长速度。

事实上，经济增长适度回落是经济达到中等收入之后的普遍规律。从国际比较看，第二次世界大战以后的日本、韩国、德国等一批成功追赶型国家，都在 20 世纪六七十年代经历了高速增长之后，无一例外地出现了增长速度回落，回落的幅度平均在 30% ～ 40%。[1] 在这个阶段，这些国家开始由高速增长过渡到中高速阶段，再过渡到中速直至低速增长阶段。作为我们这样一个中等收入国家，经济增长已从原来的高速进入到中高速阶段，我们要在必要和可能之间、在转型升级与保持合理增

---

[1]　国家行政学院经济学教研部：《中国经济新常态》，人民出版社 2014 年版，第 23 页。

长速度之间，找到一个"黄金平衡点"，使增长保持在合理区间，保证较为充分的就业，这能为推动中国经济提质增效、行稳致远留出空间、腾出时间。

同时，也应看到，虽然我国的经济增速有所放缓，但7%左右的增速仍然是全球比较高的增速，不仅远高于发达国家，也明显高于主要发展中国家。2014年，美国经济增长2.4%，欧元区增长0.9%，日本的经济增长率为零。因此，我们要保持战略定力，坚定信心，继续推动中国经济转型升级。

（二）发展方式从规模速度型粗放增长向质量效率型集约增长转换

发展方式转变是中国经济新常态的基本要求。改革开放30多年来，我国经济发展建设所取得的成就举世瞩目，发展中的不平衡、不协调、不可持续等问题不断在得到改善。近些年来，我们在改进官员考核手段、提高经济质量和效益、走向质量型差异化的市场竞争、推进绿色和可持续发展、更加注重保障和改善民生等方面持续发力，为实现经济发展方式向质量效率型集约增长转变提供了重要支撑。原来的市场竞争主要靠数量扩张和价格的无序竞争、经济增长的资源环境约束不断强化、环境承载能力已经达到或接近上限，投资和消费关系不匹配，收入分配差距较大，农业发展基础薄弱，城乡区域发展不协调，就业总量压力和结构性矛盾并存等问题在逐步得到改善。

在增长阶段转换时期，增长速度放缓容易引人关注。然而，速度变化是相当表面化的，更重要的是速度背后的结构和发展质量变化。中国过去改革开放30多年的经济发展历程，保持了年均接近10%的增长率，这是"量"上的飞跃。从研究的角度看，如果未来中国经济的潜在增长率进一步下降，经济增速进一步下滑，但是如果只要能够顺利完成经济增长动力的转换，实现的是质量意义的经济增长，那这个增速回落所实现的成果、经济总体的含金量都会远超过去两位数的增长效果，经济发展的目标同样能够实现。

（三）产业结构由中低端向中高端转换

产业结构升级是中国经济新常态的主攻方向。从现状看，发展中国家长期处于产业结构的低端，一方面，使其与发达国家之间形成了巨大的传统产业的"鸿沟"；另一方面，正在形成着高新技术产业和现代服务业的产业"悬崖"，即发达国家以其高新技术产业和现代服务业的庞大躯体和高水平，凸显出与发展中国家之间的巨大反差，并在相当程度上压制着后者的发展。作为人口、国土面积和产业大国的中国，必须通过不断地推动产业结构由低端迈向中高端，才能为实现经济的长期可持续增长、胜出于残酷的国际竞争，以及社会的长治久安奠定坚实的物质基础。

改革开放以来，我国的产业结构主要位于全球价值链的中低端，比较利益较低。2013年，我国第三产业增加值占GDP比重达46.1%，首次超过第二产业，2015年上半年，这一比例攀升至49.5%，这是非常好的结构优化迹象。新一届政府成立以来已陆续出台了一系列措施，为加快实现健康中国、养老中国、宽带中国、低碳中国、绿色中国等目标提供了有力的政策保障。随着战略性新兴产业、先进制造业等产业的大力发展，逐步化解产能过剩风险等举措的加快落实，我国产业在全球价值链中的地位正在逐步提高，"中国效益"正在逐步显现。

（四）增长动力由要素驱动、投资驱动向创新驱动转换

增长动力转换是中国经济新常态的核心内涵。过去30多年我国走的是高投入、高消耗、高污染、低产出的经济发展路子，目前，依靠要素驱动和投资驱动的经济高速增长模式已难以为继。面对世界科技创新

和产业革命的新一轮浪潮，面对企业主动转型、创新意愿的明显加强，我国经济增长的动力正逐步发生转换。近年来，国家财政科技投入不断增加，带动了企业和社会投入，过去五年全社会研发支出（R&D）年均增长 20% 以上，增速远远超过发达国家。我国经济正逐步转换增长动力，逐渐转入创新驱动型的新常态经济，打造"中国质量"，真正实现增长速度"下台阶"，增长质量"上台阶"。

告别旧态势，进入新常态的"先手棋"就是创新驱动。我国正在逐步解决中国经济高速发展 30 多年后积累的深层次矛盾和问题，适应发展速度中高速、发展水平中高端的新特征和新要求；同时也通过调整地方官员考核方式，逐步改变人们在经济发展上的"增长速度崇拜"和"要素驱动依赖"，激发全社会的创新活力，使中国经济发展更加符合经济规律、自然规律和社会规律这三大规律，[①] 通过改革创新这把金钥匙，正加快以要素驱动、投资规模驱动向创新驱动为主转变。

（五）资源配置由市场起基础性作用向起决定性作用转换

资源配置方式转换是中国经济新常态的机制保障。市场决定资源配置是市场经济的一般规律，市场经济本质上就是市场决定资源配置的经济。所有经济活动最根本的问题，就是如何最有效地配置资源。所谓配置资源，就是各种生产要素如何用于不同商品的生产以及所生产的商品如何分配到各生产要素所有者。资源配置方式不同，会产生不同的配置效率。经济发展就是要提高资源尤其是稀缺资源的配置效率，以尽可能少的资源投入生产尽可能多的产品，获得尽可能大的效益。理论和实践都证明，市场配置资源是最有效率的形式。市场决定资源配置，就是在

---

① 2014 年 7 月 29 日，习近平总书记在中央政治局会议上提出，发展必须是遵循经济规律的科学发展、必须是遵循自然规律的可持续发展、必须是遵循社会规律的包容性发展。

经济活动中遵循和贯彻价值规律，实质就是让价值规律、竞争和供求规律等市场经济规律在资源配置中起决定性作用。

过去，我们强调在社会主义市场经济条件下市场在资源配置中起"基础性"作用，显然，政府这只"有形之手"可以具有更多的经济职能和管理权限。从以往20多年的实践看，我国的经济体制基本上是政府主导的不完善的市场经济。这里面存在着许多问题，比如，资源配置的明显不合理、容易出现严重的腐败问题等。党的十八届三中全会《决定》提出"使市场在资源配置中起决定性作用"，十八届四中全会提出"社会主义市场经济本质上是法治经济"，表明了我们党对市场经济规律的认识达到了新的高度。在市场起决定性作用的新常态下，政府不搞强刺激，主要通过转变职能、简政放权、减税让利等途径，将资源配置的决定权限交给市场，不断增强经济内生动力，并通过区间调控、定向调控等方式来弥补"市场失灵"。

（六）经济福祉由非均衡型向包容共享型转换

经济福祉转换是中国经济新常态的发展结果。党的十八大报告提出，"要把保障和改善民生放在更加突出的位置"。经济新常态下，我国政府按照"稳增长、促改革、调结构、惠民生"的要求，将经济发展与保障改善民生相结合，教育、医疗、住房保障、就业等民生重点领域的财政支出不断加大，民生持续得到改善。

从追求经济高增长转向更加追求"民富"，一幅幅崭新的生活画卷正在中国大地铺开。

近年来，我国农村居民收入增速快于城镇居民，城乡收入差距缩小态势开始显现，居民收入占国民收入比重有所提高，收入分配制度改革取得新的进展。随着我国新型工业化、信息化、城镇化和农业现代化的协调推进，新农村建设城乡关系也出现新气象，城乡二元结构正加快向一元结构转型，以工促农、以城带乡、工农互惠、城乡一体的新型工农城乡关系正在加快形成。此外，我国还有7000多万的贫困人口，新常态下，随着扶贫开发工作新局面的不断开拓，打赢全面建成小康社会扶贫攻坚战正吹响了集结号。经济新常态下，经济福祉逐步走向包容共享型将是长期趋势。

三、新常态需要新的思维理念

应当说，经济新常态不是自然而然就能够实现的，必须经过艰苦的努力奋斗。按照党的十八届五中全会的战略部署，"十三五"时期，主动适应和引领新常态需要新的思维、新的理念和新的方法。我们必须坚持稳中求进的工作总基调，推进经济结构的战略性调整，努力实现实实在在和没有水分的增长，既要保持战略上的平常心态，稳妥应对各种不确定性因素带来的冲击，又要在战术上主动作为，打好全面建成小康社会的攻坚战。

（一）坚持稳中求进的总体基调，保持战略定力与平常心

稳中求进是发展经验的总结，是应对国内外形势变化的要求，是全面深化改革的需要，体现了党中央领导经济工作的辩证法。稳中求进中的"稳"是指事物稳定的状态，"进"是指事物变化的状态。稳中求进是事物两种状态的辩证统一，关键是要采取渐进发展的方式。"稳"是稳定增长、稳定宏观经济运行，是前提和基础；"进"就是转变经济发展方式，寻求更高质量的经济增长，是方向和目标。新常态下，面对经济发展增速换挡、方式转型、结构调整、动力转换的经济新常态，需要客观看待、冷静理性，保持一颗平常心。既要摆脱"速度情结"和"换挡焦虑"，看到增速换挡、提质增效是规律、是大势；更要以战略的平常

心，在保持经济平稳运行的情况下，推动经济从传统的粗放发展向高效率、低成本、可持续转型。

坚持稳中求进，就是要在加快转变经济发展方式过程中突出"全面深化改革"这个主题，把稳增长、控物价、调结构、惠民生、抓改革、促和谐更好地结合起来。稳与进是辩证统一、互为条件的，稳才能更科学地发展、更持久地前进。在经济工作中，必须正确处理稳、进、改的关系，审时度势，谋定后动，做到静有定力、动有秩序、改有实效。习近平同志指出，要准确把握改革发展稳定的平衡点，准确把握近期目标和长期发展的平衡点，准确把握经济社会发展和人民生活改善的结合点。准确把握改革发展稳定的平衡点，就是要自觉地把改革力度、发展速度和社会可承受程度统一起来。准确把握近期目标和长期发展的平衡点，就是要既谋划好顶层设计又注重眼前实践。准确把握经济社会发展和人民生活改善的结合点，就是要推进经济增长与居民收入同步提高，让改革发展成果惠及全体人民。稳中求进必须坚持宏观政策要稳、微观政策要活、社会政策要托底。宏观政策要稳，就是坚持积极财政政策和稳健货币政策，坚定地推进经济结构调整。稳政策是为了稳市场预期。注重定向调控，不靠短期刺激政策拉动经济增长，而是依靠改革和市场来推动发展。微观政策要活，就要按照市场经济规律办事，以解决问题为导向，对已出台的各项政策措施抓紧落实，增强市场主体内生动力。社会政策要托底，就是要不断改善民生，创新社会治理，把基本民生搞好，加强社会保障，织牢社会稳定的安全网。从根本上讲，稳中求进是实现科学发展的全局性方针。历史地看，稳才能更科学地发展、更持久地前进。

（二）高度重视防范各种风险，保持合理的经济发展速度

"十三五"期间，国内外经济发展条件将发生明显变化，要保持经

济大局基本稳定，一方面要科学区分结构性因素和周期性因素及其对经济增速的不同影响，对于周期性因素我们采取一些短期的、临时性措施即可应对，而结构性因素则需要我们进一步推动经济结构转型升级才能带来经济的健康持久发展；另一方面要坚持"底线管理、区间调控"，既不盲目草率实施强刺激的经济计划，也不消极保守坐视经济发展失衡衰败，而是根据经济发展潜力和当前实际，科学确定经济运行的合理区间，既守住稳增长、促就业的"下限"，也把握好防通胀的"上限"，从而始终使经济运行处于合理区间、宏观经济政策保持基本稳定，从而为转变发展方式、调整经济结构、推动改革创新以及打造中国经济升级版提供一个良好的经济环境。

同时，还要善于运用底线思维的方法，凡事从坏处准备，努力争取最好的结果，做到有备无患、遇事不慌，牢牢把握主动权。坚持底线思维，是我们应对当前错综复杂形势的科学方法，更是适应经济新常态的治理理念。我们要适应新常态、主动有为，就要对新常态阶段各种潜在的经济社会风险如房地产风险、地方政府债务风险、金融风险等保持清醒的认识，更好地发挥底线思维的科学预见作用，增强忧患意识和风险意识，未雨绸缪、积极应对经济社会可能出现的各种风险挑战。同时，新常态下我们不唯 GDP 总量，但保持合理的经济发展速度仍是完全必要的。中国这么大的经济体一旦形成惯性下滑，要恢复正常水平将非常困难，甚至会付出巨大的代价。发展是解决我国所有问题的基础，对此我们不能有丝毫的动摇，新常态下更是需要保持合理的经济发展速度。当然，要保持合理的经济增速，更需要靠改革实现经济结构的优化升级。

（三）推进经济结构的优化升级，实现实实在在和没有水分的增长

从全球价值链来看，中国长期处于价值链低端。托马斯·弗里德曼

在其著作《世界是平的》中深刻描述了全球化引起的变革：产品在全球范围内销售，劳动和资本在全球范围内流动，要素流动的障碍越来越少，国际分工模式逐渐由产业间分工向产品内分工演变，不再由一个国家承担某个产品生产的所有环节，而是不同的国家立足于各种不同的产业链环节，每个国家生产产品的一部分或提供一项服务。不同产业链环节的附加值不同，但其价值链分布大都表现为"微笑曲线"。比如，美国苹果公司生产的 iPhone4 手机的生产过程由美国、日本、德国、韩国、中国等共同完成，苹果公司自身的利润率很高，而为苹果手机提供代工服务的中国富士康对每台 iPhone 手机价值的贡献率仅为 3.6%。从整体上看，中国的贸易总量似乎很大，但实际上从全球分工体系中获取的利益却很少。中国作为世界加工厂，长期被锁定于全球价值链的低端，在全球化生产和利益分配链条中处于劣势地位。在各产业内部，产业深化创新滞后，表现在高附加值和高技术产品比重偏低、工艺水平低下、"代工"长期居于价值链环节的主导地位等，从而使我国的产业增加值率、盈利能力、核心技术、产品档次等全面落后于世界先进水平。

我国要加快推进产业结构、需求结构、城乡结构、空间结构、收入分配结构五大结构的调整和优化，使第三产业、消费需求逐步成为主体，城乡区域差距逐步缩小，实现经济结构的优化升级，这是新常态经济的重要特征。事实上，我国经济快速增长的同时也付出了巨大的代价，效益低下、结构失衡、产能过剩、环境污染等便是其中最显著者。在原有的外需拉动、人口红利等增长动力快速减退的形势下，倒逼着我国经济逐步转换增长动力，着力打造"中国质量"，真正实现增长速度"下台阶"，增长质量"上台阶"。实实在在和没有水分的增长是对以往发展弊端的深刻反思，是对我们今后工作的指引。新常态经济下，实现实实在在和没有水分的增长，应当在改进考核手段、提高经济质量和效益、推进绿色和可持续发展、更加注重保障和改善民生等方面发力。

（四）坚持生态文明理念，努力建设美丽中国

大自然是整个人类的生命支持系统，不仅在久远的过去曾哺育过我们的祖先，还将在遥远的未来养护我们的子孙后代。长远而言，我们都是宇宙的匆匆过客，是资源、环境的临时托管人，那些对于生命存在具有极端重要意义的水、大气、森林、土壤和生物，我们有义务将其完整地交到下一代的手上。将生态文明理念融入经济发展之中，既有利于当代人的幸福，更是面对未来的责任。要给世世代代以合理利用自然资源的权利，不能为了满足我们这一代的需要，就剥夺下一代以至子孙后代满足他们需要的权利，更不能让子孙后代承担我们过度开发和使用资源的恶果。要注重生态的代际公平，既注重当代人的福祉，也考虑后代人的利益，不能"吃祖宗的饭，断子孙的路"。

党的十八大指出，"必须将生态文明建设放在突出地位，融入经济建设、政治建设、文化建设、社会建设的各方面和全过程，努力建设美丽中国，实现中华民族永续发展"。党的十八届三中全会突出强调了生态文明的制度构建和体制机制的创新，这既是对我国经济发展阶段的清醒认识和准确判断，也为新常态下将生态文明理念融入经济发展之中，做到经济发展与生态保护同时并重指明了方向。我们要把写在纸上的美丽文字真正变成国家的大好河山。近年来，我国在资源、生态、环境方面的严峻现实已警示我们：转变生产方式，处理好经济发展与保护环境方面的关系已刻不容缓。新常态下，必须将生态文明理念融入经济发展之中，既要金山银山，也要绿水青山。绿水青山就是最大、最久的金山银山。发展经济，决不能超越资源环境的承载能力，决不能以牺牲生态、破坏环境为代价。必须将生态文明的理念融入经济建设当中，融入政治建设、文化建设、社会建设的各方面和全过程，确保资源基础受到保护，确保经济、社会的持续健康发展，确保中华民族的永续发展和长

治久安。

（五）坚定不移地推进全面深化改革，发挥经济体制改革的牵引作用

方向决定道路，道路决定命运。改革开放是决定当代中国命运的关键抉择，是党和人民事业大踏步赶上时代的重要法宝，是新的时代条件下新的伟大革命。新常态下，我国的改革任务更加迫切、更加艰巨，必须在新的历史起点上全面深化改革，完善和发展中国特色社会主义制度，推进国家治理体系和治理能力现代化。我国改革开放事业已经进入攻坚期和深水区，社会各界、海内外都高度关注我们的改革。进一步全面深化改革，我们要坚定信心、凝聚共识、统筹谋划、协同推进，坚持社会主义市场经济的改革方向不动摇，增强改革的系统性、整体性、协同性，统筹推进重要领域和关键环节改革。

尤其要发挥经济体制改革的牵引作用，使各方面体制改革朝着建立完善的社会主义市场经济体制这一方向协同推进。同时，要积极参与全球治理重构，在世界经济再平衡与世界经济秩序重建中发挥更大作用。当前，国际社会日益成为一个你中有我、我中有你的命运共同体。面对世界经济复杂形势和全球性问题，任何国家都不可能独善其身、一枝独秀，这就要求各国和衷共济。我们要积极推动建立均衡、共赢、关注发展的多边经贸体制，共同维护和发展开放型世界经济，为我国经济发展提供良好稳定的外部环境。

四、引领经济新常态的战略选择

认识新常态，适应新常态，引领新常态，是"十三五"时期我国经济发展的大逻辑。当前，我国经济正处于增长动力转换的关键时期，既

承受着持续经济下行的巨大压力，也经历着经济发展新阶段的深刻变化，同时也面临着前所未有的历史机遇。我们要善于从变化和机遇中寻求突破，保持和增强战略定力，提升改革创新能力，增强发展信心，以更有力有为的政策措施，为顺利实现到 2020 年全面建成小康社会目标而努力奋斗！

（一）完善宏观调控政策，保持经济稳定增长

布局"十三五"经济，首要问题就是要保持经济稳定增长。应当说，以优化宏观调控政策为抓手，推动经济平稳增长，无论是财政政策，还是金融政策都有很大的优化空间。用好用活财政金融产业政策，支持实体经济稳步发展。坚持稳增长靠宏观调控创新、靠改革激发增长活力，这是已被证明行之有效的思路。进一步优化和完善区间调控和定向调控政策。宏观调控具有较强的动态性，更注重解决长期的稳增长问题，目标既是保持经济运行不滑出合理区间，又通过激活力、优结构、释放长期发展潜力，来增强经济发展的可持续性。要加快资金周转，优化信贷结构，提高直接融资比重，降低社会融资成本，让更多的金融进入活水流向实体经济。加强定向调控的力度，在重大基础设施、中西部铁路、城际铁路、水利工程、安居工程、城市交通、地下管网、节能环保等方面定向发力。

（二）发挥经济体制改革牵引作用，增强经济发展内生动力

只有充分发挥好经济体制改革的牵引作用，才能更好地主动适应和引领中国经济新常态。一是继续转变政府职能。要进一步减少行政审批，努力向市场和社会放权，进一步创新政府公共服务提供方式，积极推动政府向社会力量购买服务，更好地发挥市场在资源配置中的决定性作用。二是全面推进国有经济战略性调整。充分发挥国有企业在促进产

业升级、参与国际竞争、提升综合国力等方面的重要作用。要对铁路、石油、电力、民航等行业，将自然垄断和竞争环节切实分开。三是深化财税体制改革。应进一步理顺各级政府财政分配关系，优化收入划分和财力配置，实现中央和地方财力事权相匹配。优化转移支付结构，提高一般性转移支付规模和比例，减少归并部分专项转移支付项目，加快形成统一透明的财政转移支付制度。四是推进金融体制改革。要稳步推进利率市场化改革，使利率能够灵敏地反映资金供求情况。加强金融机构公司治理，推进现代金融企业制度建设，健全金融组织体系。五是深化资源产品价格改革。应当按照"要素市场化"的原则深化价格改革，进一步理顺价格调节体系，以促进结构调整和资源保护。要将水、电、天然气、成品油等价格改革放在优先位置，通过价格杠杆作用促进土地资源、水资源、能源资源等的节约和有效使用。

（三）推动经济结构性调整，创造中国经济竞争优势

结构性改革是"十三五"时期改革的重头戏，也是考验我国经济能不能转型升级的关键。2014年，中央经济工作会议提出要"积极发现培育新增长点"，这需要结构性改革来推进。需要在需求结构、投资结构、城乡结构、区域结构、产业结构、分配结构等方面发力。这里有几点需要注意：一是着力培育新的经济增长点。既包括培育新的消费增长点，也包括形成新的区域增长极。统筹"四个板块"和"三个支撑带"战略组合，优化区域经济布局。① 二是努力优化投资结构。深化国企改革，进一步放宽市场准入，落实促进民间投资的各项政策措施，为激发民间投资的活力营造公平的投资环境。制定跨五年规划的棚户区改造、

---

① "四大板块"是指东部地区、西部地区、中部地区、东北地区。"三个支撑带"是指"一带一路"、京津冀协同发展和长江经济带。

铁路、水利、能源和生态环保等长期重大工程建设。三是推进以人为核心的新型城镇化建设，主要是落实好新型城镇化发展规划，关键是解决好"三个一个亿"问题。防止"空城""鬼城"，靠新型城镇化的健康发展，来不断优化经济发展空间格局。四是加快和提升服务业发展水平。以市场需求为导向，进一步优化产业布局，坚持生产性服务业与生活性服务业并重，现代服务业与传统服务业并举，进一步完善促进服务业快速发展的实施细则，全面提升服务业发展的规模和水平。

（四）加快实施创新驱动发展战略，打造中国经济新引擎

创新是国家和民族的强盛之基、进步之魂，是主动适应和引领经济新常态的战略核心。鼓励企业围绕市场需求建立研发机构，引导企业加大研发投入力度，健全组织技术研发、产品创新、科技成果转化的机制，加强创新与市场对接，支持企业推进重大科技成果产业化。坚持把激励创新者的积极性放在各项改革政策的优先位置，解放思想，完善机制，给予科技人员合理的利益回报和精神鼓励，创新人才培养、使用和引进模式，充分激发全社会的创新活力。大力推动大众创业、万众创新，让"双创"成为一种时代气息、一种社会潮流、一种价值取向。要积极推进科技创新和体制创新，要继续大力支持已形成一定新的优势产业，如高铁、核电、光伏产业、造船业和支线飞机等继续做大做强，努力发展"强国产业""强国技术"，加快实施"中国制造2025"和"互联网＋"行动计划。要善于以全球视野谋划和推动创新，在新的全球竞争格局下，中国企业必须以全球视野谋划和推动创新，学会整合全球资源，通过向高手学习，与高手竞争，提高本国的创新能力。

（五）深化对外开放进程，打造高水平开放型经济体

2014年，我国的实际对外投资已经超过利用外资的规模，中国已

经成为资本的净输出国。在经济新常态下，我国应继续深化对外开放进程，以更高水平迈向新的发展阶段。一是创新开放模式，深化沿海开放，扩大对外开放，打造分工协作、优势互补、均衡协调的区域开放新模式。二是加快实施走出去战略，推进国际产能和装备制造合作，在扩大产品进出口的基础上叠加产业出口，不仅注重消费品更注重投资品出口，推动高铁、核电等高端制造业走出国门。三是加快加工贸易的转型升级，坚持出口与进口并重，形成以技术、品牌、质量、服务为核心的出口竞争新优势。四是加快推进中韩自贸区、中国—东盟自贸区、上海自贸区等经济合作平台的建设，不断提高我国在世贸组织、世界银行等国际组织中的地位。五是实施海洋强国战略，推进陆海统筹，提高海洋资源开发能力，推动海洋经济向质量效益型转变，并保护好海洋生态环境。六是要加快推进"一带一路"愿景与行动，加快互联互通、大通关和国际物流大通道建设，不断优化对外开放新格局。

（六）保障和改善民生，促进中国经济包容式发展

保障和改善民生，是主动适应和引领经济新常态的出发点和落脚点。坚持守住底线、突出重点、完善制度、引导舆论的基本思路，多些雪中送炭，更加注重保障基本民生，更加关注低收入群众生活，更加重视社会大局稳定。继续加大对"三农"的政策支持力度，大力实施精准扶贫政策。按照中央经济工作会议的战略部署，加快转变农业发展方式，解决好"三农"问题。进一步改善贫困地区义务教育薄弱学校基本办学条件，支持社会资本、社会力量兴办教育。加大扶贫攻坚力度，坚持政府投入在扶贫开发中的主体和主导作用，吸引社会力量参与扶贫开发，实施精准扶贫战略。要继续深化收入分配制度改革，优化收入分配结构，调动各方面积极性，促进经济发展方式转变，维护社会公平正义与和谐稳定，实现发展成果由人民共享，为全面建成小康社会奠定扎实

基础。进一步加强生态保护和污染治理，完善生态文明建设的体制机制，特别是要大力治理雾霾，努力使"APEC 蓝""阅兵蓝"成为一种常态。

（七）超前规划精心谋划，着眼中国经济健康持续发展

2016～2020 年既是"十三五"规划的实施时期，也是我国全面建成小康社会的最后关键五年。这一特殊时期，既是实现第一个 100 年目标的冲刺阶段，也能为实现第二个 100 年目标奠定坚实的基础。布局"十三五"时期的经济发展，需要清醒地认识面临的风险和挑战，把难点和复杂性估计得更充分一些，把各种风险想得更深入一些，把各方面情况考虑得更周全一些，搞好统筹兼顾。我们要认真研究我国处于经济新常态的新发展阶段所面临的国内外环境变化，准确把握我国经济社会发展的中长期趋势和存在的关键问题，围绕着全面深化改革，全面建成小康社会，对未来五年甚至更长期的发展进行战略谋划。可重点围绕努力跨过"中等收入陷阱"，打造中国经济升级版，从经济大国走向经济强国等关键问题，进行超前的战略安排和制度设计。

第二章　当前国际国内经济形势分析

从整体上看，国际和国内发展环境依然存在诸多不确定性因素，国际经济走势依然错综复杂，全球经济的结构性调整仍在不断深化。但这些不利因素，并不能改变中国迅速崛起的"天时"和"地利"。同时，我们更应该看到国际国内经济形势中呈现出的有利条件，要牢牢把握和利用好战略机遇期，化被动为主动，化挑战为机遇，更好地迈向全面小康社会。

科学把握国际国内大势，是优化我国建设现代化经济体系的基本依据所在。未来一段时期，国际环境将继续发生广泛而深刻的变化，但总体上有利于我国的和平发展。当前，国际环境正在发生着深刻而复杂的变化，我们遇到了不少前所未有的新情况、新问题和新矛盾，要更加注意统筹好国内国际两个大局，注意研究分析国际形势的发展变化，抓住天时，利用地利，实现人和，以便更好地维护国家整体核心利益，更有效地开展国际合作，更快地实现建设现代化经济体系的各项目标和战略任务。

一、国际环境的机遇

从整体上看，当前和未来一段时期，和平与发展依然是时代的主题。当今世界，和平问题与发展问题相互交织、密不可分。发展离不开和平，和平也离不开发展。虽然局部矛盾和热点将依然会此起彼伏，但全球发展将会呈现出相互关联、相互推动的显著性特征。应当说，国际环境整体上是有利于我国加快实现全面建成小康社会的目标的。

（一）经济全球化深入发展，世界经济仍处于黄金增长期

随着资本、商品、技术、信息、劳务等生产要素在国际的加快流动，各国都在积极调整产业结构，试图抢占产业制高点。世界各个经济强国正加快将传统产业和现代服务业向劳动力素质较好、成本较低的发展中国家转移，这有利于我们在世界范围内优化资源配置，可以更多地从外部获得生产要素，以促进产业结构的优化升级与技术进步。同时，经济全球化有助于我国制造的产品走向国际市场，提高企业的国际竞争力，增强我国的综合国力，对提高我国的经济规模、扩大国际影响力、提升国际地位都具有十分重要的意义。

（二）世界科学技术日新月异，新的技术革命正在孕育兴起

从世界经济史看，每一次经济危机都孕育着新的科技革命，而新的科技革命必然带来新的产业革命。"十三五"期间，以信息技术为主导并由此带动的新能源、新材料、生物技术、海洋技术等新科技革命将会继续获得深入发展，必将在不远的将来形成新的科技进步浪潮。随着经济全球化的发展，我国通过引进、再创新等途径吸收消化发达国家的一些关键技术，并大幅度提高我国的自主创新能力。在此背景下，我国就有可能发挥后发优势，顺应世界经济科技发展潮流，实施建设创新型国家、人力资源强国、海洋强国等强国战略，实现科学技术、人力资源和生产力更大规模和更高质量的发展。

（三）国际金融危机引发世界政治经济格局的深刻变化

在国际金融危机和欧洲债务危机的巨大冲击下，欧美等经济强国经济实力相对下降，经济呈现出缓慢复苏趋势，而我国等新兴经济体率先回升，成为世界经济增长的主要引擎。国际金融危机的爆发，世界各经济体尤其是新兴经济体对以美元等货币为主导的国际金融体系提出了挑战，要求对世界货币体系进行改革的呼声日渐高涨，这为人民币走出国门，加快人民币的国际化步伐，提高我国金融的开放程度，建立发达稳健的金融体系将提供重要机遇。

（四）国际形势总体稳定，短时间内不会有世界大战

当前，虽然局部战争时有发生，但和平与发展仍是时代主题，维护和平、制约战争是全世界人民的心愿，新的世界大战短期内打不起来，我们有可能争取到较长时间的和平国际环境。国际货币基金组织、世界银行等世界经济组织的治理结构改革已经迈出重要步伐。可以说，相对稳定的国际政治经济形势，有利于我国"十三五"时期积极参与全球经济治理，推动全球治理机制变革，为我国从经济大国迈向经济强国提供了一个较好的外部环境。

二、国际环境的挑战

当然，随着世界经济格局进入深度调整期，新旧矛盾相互叠加，新旧力量相互博弈，世界政治、经济、社会等领域的不稳定因素也在明显增多。"十三五"期间，尽管我国发展依然处于可以大有作为的重要战略机遇期，但仍然面临着各种不利因素和不确定性环境，需要清醒地加以研判和认识，这也注定我国在实现全面建成小康社会的攻坚阶段，将

不会是一帆风顺和一路平坦的。

（一）世界现有经济强国的制约因素在加剧

2010 年，我国经济总量超过日本成为世界第二大经济体之后，世界现有的以美国、日本等经济强国对我国发展的制约因素正在增加。发达国家为了保持其在国际经济体系中的秩序红利、格局红利，不愿看到一个强大的中国的崛起，会不惜代价试图掣肘我国经济的发展。反倾销起诉、干涉中国企业的对外投资等事件频频发生，国际贸易摩擦日渐加剧，"中国威胁论""唱衰中国论""贸易保护论"等大有抬头的趋势。这是制约"十三五"时期我国经济发展的重要因素。

（二）全球经济市场竞争日趋激烈

国际金融危机对全球经济发展形成严重冲击，全球供给结构和需求结构都发生着深刻变化，无论是发达国家还是发展中国家都面临调整经济结构的巨大压力。美欧等经济强国相继提出"再工业化""2020 战略""重生战略"等措施；发展中国家都在努力调整发展模式，重塑和加快发展具有比较优势的产业，抢占国际分工的制高点。这些必然导致全球市场争夺更加激烈，各种形式的保护主义更加严重，并从贸易向投资、技术、就业等各个领域扩散，使得"十三五"时期我国面临的外部经济环境的挑战日趋严峻。

（三）外部需求短期内难以有明显好转

从目前看，国际金融危机的深层次影响还在不断显现，世界经济复苏的不稳定性、不确定性上升，下行压力和潜在风险有所加大。欧洲主权债务危机仍在发酵之中，甚至可能向更多成员国蔓延。因此，欧元区有可能出现财政金融风险与经济衰退恶性循环的局面，从而严重影响世界经济复苏进程。在短时期内，新兴工业化国家经济同样很难有大的改观。因此，客观地分析，未来的外部需求估计难有质的变化。

（四）全球性的各种问题相互交织

近些年来，世界传统和非传统安全问题，包括气候变化、粮食安全、能源资源安全、大规模杀伤性武器扩散、重大自然灾害、重大传染性疾病等全球性问题交织显现，反映出现有的国际体系不能有效地应对国际社会所面临的新威胁新挑战。近年来，中亚、北非等地区政局动荡不安，气候变化等因素带来的全球生态与环境的压力，给我国"十三五"时期经济发展的总体外部环境提出了新的挑战。

三、国内环境的机遇

如何认识"十三五"时期的国内环境？其基本依据还是党中央提出的中国经济发展进入新常态的重要判断。从国内情况看，未来一段时期，总体基本方向没有变，既有"时"（仍然处于难得的战略机遇期），也有"势"（处在全球上升通道上），具备各种有利条件和物质基础。尤其是以习近平总书记为核心的党中央，正带领全国各族人民加快迈向全面建成小康社会，这既是广大人民的新期待、新期盼，也是实现加快从经济大国迈向经济强国的重要基础。

（一）物质基础比较雄厚

新中国成立 60 多年来特别是改革开放 30 多年来，我国经济以世界少有的年均 9.8% 的增长速度高速发展，大大高于同期世界经济年平均增长 3.0% 的速度。目前，中国已成为世界第一外汇储备大国。国家财政实力不断增强，财力的增加对促进经济发展、加强经济和社会中的薄弱环节、切实改善民生、有效应对各种风险和自然灾害的冲击提供了有力的资金保障。我国的经济建设在"十三五"期间又迈上一个新台阶。2019 年，我国国内生产总值为 99.08 万亿元，到 2020 年年末，估计能达到 110 万亿元，与美国 GDP 的相对差距继续缩小。我国的经济实力和综合国力大为提升，保持可持续发展的物质基础和内生动力显著增强。目前，我国已经建立了相对完备的现代产业体系，基础设施日益完善，能源保障和交通运输能力显著提高，劳动力资源丰富，人力资源积累水平迅速提高，这些都将为"十四五"时期的经济社会可持续发展提供有力支撑。

（二）产业结构升级加快

产业发展是经济发展的最主要承载体之一，推动产业结构由中低端向中高端转换是实现我国经济优化升级的主攻方向。从全球价值链来看，我国一直处于价值链低端，长期陷于"低水平均衡陷阱"。当前，国内外环境发生了深刻的变化，新一轮技术革命正在酝酿，随着经济全球化和区域经济一体化的深入发展，国际产业转移规模不断扩大，层次不断向高端延伸，出现了产业链条整体转移的趋势。党的十八大以来，新一届中央领导集体和政府，顺应这一趋势，因势利导，实施了创新驱动战略和一系列振兴新兴产业、促进产业升级的支持政策，积极推动了我国产业结构由中低端向中高端转换。2019 年，高技术制造业和装备制造业远远快于工业平均增速，其中高技术制造业增加值比上年增长 8.8%，占规模以上工业增加值的比重为 14.4%。装备制造业增加值增长 6.7%，占规模以上工业增加值的比重为 32.5%。这是非常好的结构优化升级迹象。"十四五"期间将会延续这一趋势。

（三）新的区域发展格局

中国经济是典型的大国经济，区域发展条件差异特征突出，实施促进区域协调发展的国家战略，是实现中国经济转型发展的重要保障。同时，通过深化全方位改革开放，抓住新机遇，调整区域结构，充分挖掘区域潜力，为经济发展释放出更为长期、持久的动力。"十三五"期间，京津冀协同发展、长江经济带、丝绸之路经济带、海上丝绸之路等区域发展战略陆续推出，形成了我国区域发展的新战略，打开了国内发展的新空间。譬如，通过把京津冀协同发展，打破过去的"一亩三分地"思维、顶层设计、协同推进，强调实现京津冀协同发展，是推进区域发展体制机制创新的需要，是探索完善城市群布局和形态、为优化开发区域发展提供示范和样板的需要，是探索生态文明建设有效路径、促进人口经济资源环境相协调的需要，是实现京津冀优势互补、促进环渤海经济区发展、带动北方腹地发展的需要，有效地将区域发展提升为重大国家战略。

（四）创新驱动成为经济发展新战略

中国经济正从要素驱动、投资驱动转向创新驱动，或者说创新驱动已经成为我国经济发展的新战略。创新是人类社会发展与进步的永恒主题，是社会发展的一般性、普遍性规律。《中国创新发展报告（2019）》指出，美国、德国等20多个创新型国家，科技创新对经济发展的贡献率达到了70%以上，对外技术依存度低于20%，80%的技术是出自本国。同世界发达经济体相比，30多年来，我国主要依靠要素驱动、投资驱动推动经济高速增长。但也应看到，经过30多年改革开放，我国积累了坚实的物质基础，有持续创新的系列成果，有总量稳居世界第一的科技队伍，有4200万工程技术人才。通过几代科技人员的艰苦奋斗，我国科技整体水平大幅提升，一些重要领域跻身世界先进行列，某些领域正由"跟跑者"向"并行者"甚至"领跑者"转变。"十四五"期间，我国将进入新型城镇化与新型工业化、信息化、农业现代化同步发展的关键时期，将给自主创新带来广阔发展空间，提供前所未有的强劲动力。

（五）新型城镇化积极稳妥地推进

城镇化是现代化的必由之路，是保持经济持续健康发展的强大引擎，也是经济转型升级的重要载体和途径。党的十八大作出了新型城镇化与新型工业化、信息化、农业现代化同步发展的新要求。从国际经验和我国实际情况看，工业化是城镇化的发动机，城镇化是工业化的促进器；城镇化是信息化的主要载体，信息化提升城镇化的品质，使城镇功能和产业结构进一步优化；农业现代化是城镇化发展的基础，城镇化是实现农业现代化的前提。四化同步必将推动信息化和工业化深度融合、工业化和城镇化良性互动、城镇化和农业现代化相互协调，促进城镇发展与产业支撑、就业转移和人口集聚相统一，促进城乡要素平等交换和公共资源均衡配置，形成以工促农、以城带乡、工农互惠、城乡一体的新型工农、城乡关系，有利于我国国民经济走出一条健康发展的新路径。

（六）全面深化改革加快推进

改革红利，实际上是指通过体制机制变革使得生产要素重新组合和优化配置而获得的增量价值部分，是一种潜在价值形态。因此，改革红利的实质是一种制度红利或体制红利。40多年的改革历程，破除了阻碍科学发展的体制机制，使人民群众创新创造的活力充分发挥出来，极大地激活了资源、劳动力等生产要素的活力，营造了较为公平的竞争环境，显著地降低了交易成本，为我国经济社会发展释放了巨大的改革红利。改革，过去是中国最大的红利，未来也将是中国最大的红利。在全面建成小康社会的关键阶段和全面深化改革的攻坚时期，改革仍将释放新的红利。党的十八届三中全会对我国全面深化改革对我国作出了全局性的战略部署，涉及 15 个领域、330 多项重大改革举措。十八大以来，国务院已经取消下放九批共 798 项，中央层面核准的投资项目减少 76%，财政专项转移支付项目减少 32%，简政放权的力度和速度前所未有。这种"壮士断腕"般的"自我革命"，彰显了中央全面改革的坚定决心，激发了市场活力、增强了发展动力和社会创造力。正如习近平总书记 2013 年 10 月 7 日在亚太经合组织工商领导人峰会上指出："中国要前进，就要全面深化改革开放。"

（七）对外开放格局呈现新局面

扩大对外开放是全面建成小康社会的外部条件，也是"十三五"的重点任务。随着全球经济一体化不断加强和综合国力不断上升，开放型经济新体制的逐步构建，我国"走出去"面临许多有利的机遇。[①] 一是"走出去"开辟了对外开放新局面。对外投资增长迅速。不少国家受到金融危机冲击后资金匮乏，与我国扩大投融资合作的意愿增强，在一些领域对我国放宽了投资的限制，使我国企业处于较有利的投资地位。我国对外开放领域正在消除部分开放领域的"玻璃门""弹簧门"。2019 年，中国对外非金融类直接投资达 7630 亿元，连续两年位列全球三大对外投资国。预计未来十年我国对外投资将达 1.25 万亿美元。二是多元开放、全方位开放格局正在形成。双边、多边、区域次区域开放合作正在统筹推进，自由贸易区战略加快实施，同周边国家互联互通加速推

---

① 2015 年 9 月 17 日，中共中央、国务院发布了《关于构建开放型经济新体制的若干意见》。

动，我国对外开放正发展成为沿海、内陆、沿边等多元开放体系，对外合作正发展成为包括区域、双边、多边等多元合作体系。目前，亚洲基础设施投资银行筹建工作已经迈出实质性一步。由中国出资 400 亿美元成立的丝路基金，将为"一带一路"沿线国家基础设施建设、资源开发、产业合作等有关项目提供投融资支持。已经成立的金砖国家新开发银行将提高中国与最具活力的经济体之间的合作水平。

四、国内环境的挑战

当然，我们也要清醒地看到，"十三五"时期仍是我国各类矛盾的集中凸显期。要想实现"十三五"期间的各项目标和战略任务，还面临着这样那样的问题，面临着一系列的挑战和矛盾，尤其在科技创新能力、经济增长压力、城乡二元结构、人口资源环境制约等方面需要加以高度重视，需要更好地解决好全面建成小康社会进程中的各种不利因素。

（一）经济增长下行压力和通缩风险加大

中国经济从 1978 年至 2011 年，长达 34 年的时间里保持了年均 9.87% 的高速增长。在如此长的时间跨度内，实现接近两位数的高速增长，可以说是取得了举世瞩目的"中国奇迹"。2012 年至 2013 年增长 7.7%，2019 年增长 6.1%。由此可以看出，我国经济由高速增长向中高速增长转换的趋势十分明显。当前，我国经济增速回落既是宏观调控的结果，也是市场需求环境变化的反映，尤其是受外需不振甚至下滑冲击的影响。随着经济增速回落，产业结构不合理特别是部分产品产能过剩问题进一步暴露。产能过剩不仅造成能源资源的浪费，还造成恶性竞争、行业利润率下降、失业增加、通货紧缩等影响经济社会发展的严重后果。2019年，全年居民消费价格比上年上涨2.9%，其中工业生产者出厂价格下降0.3%，工业生产者购进价格下降0.7%。值得注意的是，"十四五"期间的通缩风险虽然不宜夸大，但也不容小觑。

（二）创新驱动能力不足，经济发展质量有待提高

同世界发达经济体相比，30多年来，我国主要依靠要素驱动、投资驱动推动经济高速增长。由此导致我国经济发展质量不高、效益不好，经济发展在相当程度上依靠劳动密集型产品和高技术产业中的低技术环节，国际竞争力过度依赖劳动力、资源和环境的低价格，制造业主要集中在产业链中低端，科技创新对经济发展的贡献率不高。应当说，这一状况在"十三五"期间并没有得到根本性的改善。同时，长期依靠要素驱动为主推高增速，使我国经济发展形成了增长速度崇拜和要素驱动依赖的惯性力量，造成了体制机制上有不少适应要素驱动而不利创新驱动的制度性藩篱。从现实情况看，无论是市场主体、政府机关，还是普通民众，创新意识、创新思维、创新氛围和创新活动都不强。随着人均收入提高，生产要素供给发生新的变化，能源资源约束更趋强化，低成本优势逐步削弱，支撑过去快速发展的传统人口红利和资源红利逐渐消失，我国以要素驱动为主的发展道路和在低端市场难以延续以往的发展方式已难以为继。而在中高端市场，由于研发能力和人力资本条件制约，提高国际竞争力也困难重重。

（三）城乡二元结构亟须破解，三农问题突出

我国呈现出城乡二元结构和城市内部二元结构并存的局面，具有城乡双二元结构的特征。城乡二元经济的产生与以重工业优先发展为特征的赶超型发展战略密切联系。以户籍制度为代表的城乡二元制度使农业劳动生产率发展水平低下，农民增收困难，城乡收入差距不断拉大。李

克强总理在 2020 年的全国两会上提出，我国有 6 亿人每个月的收入也就 1000 元左右。农村居民在消费、基础设施、社会保障、公共服务、科技教育等诸多方面与城市居民都存在较大差距。随着城镇化进程的加快，农村空心化、老龄化、留守妇女儿童问题等现象愈加凸显。在城市内部，同样存在着明显的二元结构，城市内部二元结构是在城乡二元结构的基础上形成的，是市场化改革以来城乡二元结构在城市中的新形态。繁华的城市中心区与简陋的棚户区形成了明显反差，农民工群体成为既不是农民也不是市民的尴尬群体。

（四）人口、资源、环境与经济发展的矛盾日益突出

人口问题一直是制约我国经济社会发展的重大问题。到 2020 年前后，我国总人口将达到 15 亿人左右，庞大的人口将给我国造成巨大的就业压力、面临老龄化的挑战。此外，我们面临的资源和环境压力和约束将进一步加剧。一是要素供给的制约。从现状和趋势看，我国劳动力、资本、土地、资源、能源、环境的低成本优势逐渐消失，以要素驱动为主很难实现中国经济行稳致远。二是资源能源环境恶化的制约。我国资源能源消耗总量大和利用率低的问题突出。目前，我国的资源能源消耗超过全球总量的 20%，单位 GDP 能耗大约是世界水平的两倍，是发达国家的四倍。水资源、土地资源、大气资源退化严重，环境承载力已逼近极限。我国在全面建成小康社会的进程中，面临的人口、资源、环境的压力将越来越大。

（五）全面深化改革进入深水区、攻坚期

不同于"普惠式"的改革阶段，全面深化改革必然要触动原有的利益格局，但触动利益往往比触及灵魂还难，过去那些绕过去的和放在一边的矛盾和问题并没有随着时间的推移而消失，相反却随着全面改革而

成为绕不过去的"拦路虎"。尽管通过 30 多年的改革开放，一些方面的改革已取得了突破性进展，但市场化导向的改革并没有在"十二五"期间彻底完成，城乡二元制度改革、国有资产管理体制改革、财税金融体制改革、收入分配体制改革等重要环节与关键领域的改革困难重重。这些领域的改革往往要动既得利益的"奶酪"，这比触动人的灵魂还要难。要推动改革，就必定需要拿出壮士断腕的勇气、敢于革自己的命、敢于付出代价，只有以更大的决心和勇气才能打好改革最后"攻坚战"，才能更有效地谋划好"十三五"的中国经济大布局。

第三章　经济增长保持经济运行在合理区间

进入新常态以来，我国经济从高速增长转向中高速增长，政府对经济增长的可接受区间发生了明显的变化，不再像过去那样急功近利地将 GDP 增长作为最重要的直接目标，但这并不意味着我们不再以 GDP 增长率论英雄。作为拥有 13 亿人口的发展中大国，发展依然是解决一切问题的关键，"十三五"时期我们的主基调依然是经济发展，必须保证经济增速运行在合理区间内，确保增速、就业、物价不出现大的波动。

一、发展是建设现代化经济体系的主基调

我国经济增速从高速增长转向高质量增长，经济结构得到不断优化升级，增长动力由要素驱动、投资驱动向创新驱动等转换，但经济社会发展中的不平衡、不协调、不可持续等问题将依然突出，迫切需要我们继续将发展摆在首要位置。

（一）发展是硬道理的推进和演化

马克思主义最重视发展生产力，认为物质生产是人类社会生存和发展的基础，生产力是人类社会发展的最终决定力量。任何社会的发展进步，都要受经济发展水平的制约。改革开放以来，我们党对于国家发展

问题更加重视。邓小平同志指出，中国解决一切问题的关键，是要靠自己发展，发展是硬道理。多年来，中国共产党人对发展这一问题的认识也一步步走向深化，从发展是硬道理，到发展是党执政兴国第一要务，到科学发展观的第一要义是发展，再到五个统筹发展，发展是硬道理的思想被不断地赋予新的时代内涵，成为我们党许多新思想、新论断提出和发展的重要基点。从我国当前面临的实际问题来说，我们在坚持以经济建设为中心的同时，也要对社会发展面临的严峻挑战保持清醒头脑，加快研究解决社会和谐稳定、公平正义等方面存在的矛盾和问题，为经济可持续发展创造条件。

（二）以经济建设为中心是中国发展的基本经验

改革开放以来，我国发展取得举世瞩目的成就，成为世界第二大经济体，为全面建成小康社会打下了坚实的基础。国家经济实力、科技实力迈上了几个大台阶，人民生活水平、居民收入水平、社会保障水平有了大幅度提高，综合国力、国际竞争力、国际影响力明显增强。正是有了这样的发展，我们巩固了社会主义制度，发展了中国特色社会主义，成为世界和平发展的重要力量。之所以能够取得这样的成绩，根本的一条就是我们党牢牢坚持以经济建设为中心不动摇，推动社会生产力以前所未有的速度发展起来。发展是硬道理，也是最大的民意。

（三）新的历史时期还是要抓住经济发展这把"总钥匙"

在取得巨大发展成就的同时，我们也要清醒看到，我国人均国内生产总值远低于世界平均水平，仅是世界平均水平的60%左右。工业化、城镇化、现代化的任务还很重，到2020年全面建成小康社会，首要目标就是要实现国内生产总值和城乡居民人均收入比2010年翻一番。这一切都要求我们必须坚持以经济建设为中心。国家的富强，人民的富裕，说到底是经济实力问题。国际竞争，说到底也是经济实力的竞争。任何国家要跟上时代潮流，在激烈的国际竞争中立于不败之地，都必须高度重视、认真研究、切实解决发展问题，把经济发展作为首选国策。我国所处的发展阶段决定，我国仍处于并将长期处于社会主义初级阶段的国情没有变，人民日益增长的物质文化需要同落后的社会生产力之间矛盾没有变，我国是世界上最大的发展中国家没有变。这三个没变，决定了经济发展在国家发展中的位置。习近平总书记在党的十八届三中全会上强调，坚持发展仍是解决我国所有问题的关键这个重大战略判断，以经济建设为中心，推动经济社会持续健康发展。这是发展的决心，也是对经济发展的坚守。

（四）我国仍具有保持经济合理增长的良好条件

经济持续健康发展，需要一定的条件，我们现在仍具备进一步发展、长期发展的条件。这些条件有：中国共产党强而有力的领导和稳固的国家政权，将为发展提供基本稳定的社会环境；工业化、城镇化尚未完成，中西部地区发展还不充分，城乡发展一体化有很长的路要走，将为经济增长提供巨大拉动力；物质资本和人力资本的长期积累，国防维护国家利益能力的增强，将为经济增长提供巨大的支撑和保障。今日之中国，已展现出民族复兴前所未有的光明前景。我们要认真领会和贯彻落实习近平总书记有关发展重要论述的精神和要求，为实现中国梦而努力。

二、保持经济运行在合理区间

进入新常态以来，我国经济从高速增长转向中高速增长，与发达经济体增速变化轨迹相比，符合经济发展的一般规律。2019 年，我国

GDP 增长 6.1%。与过去多年的两位数增长速度相比，尽管我国经济增速在"换挡"，但无论从国际横向比较还是从历史纵向上看，6.1% 的增速都不算低，既有继续处于合理区间的"面子"，也有各项民生指标稳定增长的"里子"，但也要特别注意防止经济增速滑出合理区间。

自国际金融危机以来，世界经济进入新一轮调整期，全球经济在大调整大变革中，对我国经济实现合理的增长形成巨大压力。经济发展新常态的大逻辑告诉我们，当前我国经济运行仍处于合理区间，经济发展的基本面是好的。同时，经济运行中一些积极变化正在不断累积，经济结构调整稳步推进，转型升级势头良好，经济发展质量进一步提高。因此，面对经济下行压力，我们不必太纠结于一两个百分点的起落，更不能存在过分焦躁心态，而是要从新常态视角认清发展大局，正视困难、保持定力、主动作为，把握好稳增长、调结构、控风险三者之间的平衡点，确保经济运行在合理区间，切实推动经济发展量增质更高。

（一）创新宏观调控举措

科学的宏观调控是我国经济平稳运行的关键。"十三五"期间，党中央、国务院加强了对经济工作的领导，不断创新宏观调控方式和思路，在坚持积极的财政政策和稳健的货币政策的同时，加强区间调控、定向调控，适时适度地预调微调。通过区间调控和定向调控的有机结合，形成中国经济增长"稳"与"进"的良好局面。这是我国经济顶住下行压力、保持平稳增长的关键和重要着力点。有多年累积起来的应对复杂局面的经验，再加上经济发展具有巨大的韧性、潜力与回旋余地，我国有足够的自信和能力应对"十四五"期间的各种新情况、新问题和新挑战。

（二）深入推动"四化"同步发展

我国发展不平衡，城乡差距、地区差距还很大，差距就是潜力，差异就是空间。一方面，投资潜力大。与发达国家相比，我国人均基础设施水平仍有着较大差距，中西部地区差距更大，尤其是环境保护、民生改善需要巨额投资。另一方面，消费潜力更大。我国消费结构升级在加快，由原来以吃穿为主的生存型消费向住行、教育、旅游等发展型和享受型消费过渡，消费升级刚刚开始，空间刚刚打开。互联网与传统行业加快融合，优化了市场资源配置和生产流程，提高了生产效率和供给效率，更是催生出新的业态，为经济增长提供了充沛动力。因此，新常态下中国经济保持中高速增长，使经济运行在合理区间具有坚实的基础。

（三）继续推进改革开放进程

改革开放是我国经济不断焕发活力的源泉。党的十八大以来，新一届政府全面深化改革，不断释放改革红利，为经济持续增长增添了巨大的动力和活力。简政放权激发形成的强大市场力量，大众创业、万众创新调动亿万人民干事创业的信心和力量，将是我国经济长期保持中高速稳定增长的保障。同时，"一带一路"、京津冀一体化、长江经济带三大区域战略齐头并进，这将大大拓展和优化我国经济空间布局，形成内外统筹、相互衔接、互为支撑的良性发展格局。这些良好态势，将为保持"十三五"时期经济的稳定增长提供有力支撑。

（四）实现实实在在有质量的发展

在当今中国，没有一定的经济增长速度，许多问题难以解决。但速度不是越快越好，关键在于质量和效益。全面认识持续健康发展和生产总值增长的关系，不能把发展简单化为增加生产总值，抓住机遇保持国内生产总值合理增长、推进经济结构调整，努力实现经济发展质量和效益得到提高又不会带来后遗症的速度。我们这么大的国家、这么多的人口，牢牢坚持以经济建设为中心，合理的经济增长率一定是要有的。经济增长，要从实际出发，能快的，只要有质量有效益当然要快，但快不了的不要勉强。不要把资源、资金、市场都绷得很紧，转方式、调结构就转不过来、调不过来。我们要的是实实在在、没有水分的速度，有质量的、可持续的发展。

三、以增加有效公共投资稳增长

不少经济学家认为，面对新常态下增速下滑的压力，应当首要从改善供给层面出台稳增长的政策措施，主张从变革制度、优化结构、提升要素、推动创新等角度重塑经济增长动力。从长期来看，这些政策主张无疑是正确的。但若从短期来看，当前经济增速下滑是新常态下的经济规律使然，我们应当更多地关注如何改善需求面尤其是有效公共投资需求问题。

"有效需求"是凯恩斯在《通论》一书中提出的概念。在凯恩斯看来，由于三大心理规律的存在，在总供求均衡时的有效需求通常是不足的，这是因为，在现实中，为社会提供的总产品和劳务，实际上并不是由生产总产品和劳务创造的所有收入来购买的，而只是由生产总产品和劳务中的部分收入来购买。从我国经济的实际看，消费需求是一个慢变量，提升消费总量和改善消费结构需要通过做大经济总量、调整收入分配结构等一系列利在长远的措施，而在短期内较难达到既定的政策目标。出口需求则主要依赖外部需求环境，从目前国际经济环境看，外部需求在短时期内依然较难有质的变化。因此，通过增加有效公共投资来弥补消费和出口所带来的有效需求不足，是稳定经济增长的重要着力点。

从理论上讲，当经济处于过热时，宏观经济政策应侧重于改善供给侧，而当经济处于偏冷时，则应侧重于改善需求侧。在当前中国经济增速回落及可能面临通缩等经济风险的背景下，我们在发挥好市场这只"无形之手"的同时，应更加注重用好政府这只"有形之手"，应当实施更加较为宽松的宏观经济政策，发挥好投资尤其是有效公共投资的关键作用。

（一）完善投融资体系

完善的投融资体系是增加有效公共投资的重要保障。我们所讲的"有效公共投资"具体包括基础设施、公共服务和人力资本三个方面，这已经不完全是传统意义上的"铁公机"范畴，而是主要用于补短板、调结构、惠民生和增加公共产品供给。因此，应加快落实《国务院关于创新重点领域投融资机制鼓励社会投资的指导意见》文件精神，创新生态环保投资运营机制，鼓励社会资本运营农业和水利工程，推进市政基础设施投资运营市场化，改革完善交通投融资机制，鼓励社会资本加强能源设施投资。事实上，增加有效公共投资，并不是政府唱"独角戏"，而是通过土地、价格、特许经营等政策杠杆，加大推广 PPP 等模式，合理分配收益，引导社会资本参与公共投资。

（二）破除市场准入限制

在社会资本进入基础设施建设、教育、医疗卫生等领域的投资，还存在着不同程度的"玻璃门""旋转门"等现象。因此，要进一步加快转变政府职能，坚持依法行政，推进简政放权、放管结合，规范对社会资本投资的行政审批行为、提高审批效率，激发市场社会活力、营造公平竞争环境，减少权力寻租空间。要对现有行政许可和非行政许可审批事项进行全面梳理，最大限度削减行政许可事项，取消全部面向公民、法人或其他组织的非行政许可审批事项。建立市场准入"负面清单"，除法律、行政法规规定和国务院明令禁止和限制投资经营的公共投资领域之外，明确规定各类市场主体皆可依法平等进入。

（三）促进民营资本投资

在传统的投资观念里，像交通、能源、通信等基础设施，教育、医疗、文化、养老等基本公共服务领域，以及科技研发等公共投资领域，似乎都应由政府大揽大包，似乎政府才是唯一的供给主体。由此，可看到在大部分的公共投资领域，几乎都是由国有资本参与投资、建设和运营。在新的经济发展阶段，我们要进一步深化国有企业制度改革，准确界定不同国有企业的属性和功能，积极消除国有经济在公共投资领域的垄断地位。加快推动国有资本投资公司、运营公司的试点工作，有序实施国有企业混合所有制改革，鼓励和规范公共投资项目引入非国有资本参股。

（四）合理引导公共投资

从理论上讲，公共产品投资主要由公共部门动用公共资源来提供，其非竞争性特征使边际消费者的边际成本几乎为零，相对于竞争性产品而言容易出现投资不足。因此，政府应该通过深化财税金融等体制改革，以较少投入拉动社会投资的方式，力争起到"四两拨千斤"的作用。比如，在加快中西部铁路等交通基础设施的投资建设时，可以给予投资企业一定的税收减免期。又如，在启动一批新的棚户区改造和保障性安居工程配套设施建设项目的同时，可加大企业债券融资对棚户区改造建设的金融支持力度，支持符合条件的地区增加企业债券发行规模指标，等等。

（五）优化公共投资服务

从我国的实际情况看，公共投资类项目建设往往是产生寻租腐败的"重灾区"和"高发地"，政府对公共投资往往呈现出"两重一轻"的特点，即重建设、重运营、轻监管。为了更好地促进有效投资，对于政府投资类项目，要重点监管专项资金是否按规定及时分解下达，是否按规定进行分账核算，是否按项目实施进度及时拨付资金，资金支付是否严格按照国库管理制度执行等。同时，还可在重大公共投资类项目中引入第三方工程和资金监管机制，逐步形成政府、项目法人单位、建设单位等相互监督的良性管理局面。

四、以扩大居民消费需求稳增长

支撑我国 30 多年经济高速增长的重要因素之一，就是因为走的是外向型经济发展道路，依靠世界市场的强大需求拉动国内经济增长。但在新的历史发展阶段，尤其是 2008 年国际金融危机以来的世界经济，呈现出"总量需求增长缓慢、经济结构深度调整"的鲜明特征，使得我国得以高速增长的外部需求出现常态性萎缩。这就要求我们必须在"十三五"期间，逐步改变过度依赖外需的经济增长模式，充分发挥消费在国民经济中的基础性作用，逐步向以消费需求特别是居民消费需求作为经济增长主动力的经济发展模式转变。

消费需求是最终需求。无论是从适应经济新常态的实际需要看，还是从长远发展的根本目的看，我们都必须将扩大消费需求特别是居民消费需求放到更加突出的位置。2019 年，我国最终消费对 GDP 增长的贡献率已超过 50%，但相对于资本形成总额对 GDP 增长贡献率的而言，依然还有很大的发展空间。扩大消费需求，培育新的消费形态和消费产业，加快释放大国消费红利，打造中国消费升级版，既是实现经济转型升级的主要动力，也是"十四五"期间稳定经济增长的重要途径。

（一）增加居民收入水平，夯实居民消费基础

释放我国消费红利，解决"没有钱可花"的关键就在于居民收入水平的整体提高，这种提高要以收入增长的制度机制来保障。一是要提高劳动者报酬在初次分配中的比重。通过推动企业工资集体谈判机制建立和调整最低工资标准等措施，引导劳动者工资收入的合理增长。二是要提高居民收入在国民收入分配中的比重。要进一步加大对农村土地制度的改革，进一步完善多层次的资本市场体系建设，提高居民的红利、股息、利息等财产性收入，努力实现党的十八大提出的到2020年"城乡居民收入倍增计划"。三是要完善有助于促进消费的财税政策。应建立对节能、环保、循环利用等领域的长期补贴机制，加快推进间接税改革，通过降低间接税促进消费产品价格的下降，以扩大消费需求。四是要积极落实扩大就业政策。努力解决好高校毕业生、新生代农民工、复转军人等群体的就业难题，通过扩大就业保障好这部分消费人群的收入来源。

（二）完善社会保障机制，增强居民消费预期

当前，我国消费市场中存在的"有钱不敢花"的根源在于需要进一步完善社会保障机制，加快基本公共服务体系建设。一是要改革公共财政体制，按照有利于逐步实现基本公共服务均等化的要求，建立健全基本公共服务财政投入稳定增长的长效机制。二是要深化医疗卫生体制改革，尤其要健全重特大疾病保障制度，使居民在重特大疾病面前能够获得急需的医疗保障，这对于提高消费预期具有重要意义。三是要深化教育体制改革，坚决取缔"择校费"等不合理收费，改善民办教育办学环

境，努力解决"上学难"的问题。四是要加快推进保障性住房建设。积极探索实施多种保障性住房的供给形式，完善住房保障体系，逐步将保障性住房的覆盖面扩大到城镇居民中低收入和农民工群体，显著降低租房支出在居民消费中的比重。

（三）优化社会信用环境，提高市场监管能力

要解决好我国消费市场中"有钱不愿花"的根本途径在于要不断优化社会信用环境，提高市场监管能力，使得广大居民能够"放心消费、安全消费"。一是要加大针对社会失信行为的立法和执法力度，鼓励诚信经营，积极促进信用体系建设。二是要加强各类个人及企业的信用信息的互联互通，并依据有关法律对其实施分类管理，有条件地向社会征信企业开放。三是要逐步提高政府对市场监管的能力，坚决杜绝各种欺行霸市、假冒伪劣、虚假广告、商业欺诈、霸王条款等行为或现象，特别要强化对食品、药品、日化品等商品市场的监管，保护消费者和经营者的合法权益，为消费者提供安全、透明的消费环境。四是要大力支持中小型消费信贷企业的发展。目前，我国居民消费信贷主要来自商业银行，其办理手续复杂且信贷要求高。我们要适当放宽中小型消费信贷企业的准入门槛，在风险可控的前提下，支持中小型消费信贷企业的发展。

（四）放宽市场准入门槛，培育居民消费热点

新一届政府成立以来，共取消和下放 500 多项行政审批等事项，这对于激发企业和市场活力，改善居民宏观消费环境起到了重要作用。但我们也发现，不少地区和部门在新型消费业态企业准入门槛等方面还存在着诸多问题，需要进一步清理取消不必要的生产经营准入限制、行业管理规定等。通过放宽市场准入门槛，从"吃穿住行、教养康享"等方

面入手，大力培育养老服务、医疗健康、旅游度假等新的居民消费热点。建议恢复"五一"七天长假制度和强制性带薪休假制度，增加人们外出旅游的时间，保障居民休假期间的收入不降低，释放家庭消费潜力。值得重点指出的是，信息消费、网络消费等消费新业态和消费热点方兴未艾，显示了巨大的消费增长潜力。我们要加快推进这些消费领域的政策细则出台，加快实施"宽带中国"战略，加紧落实政策支持措施，完善政府消费监管，为加快培育新的消费增长点营造健康、安全、有序的发展环境。

第四章 改革攻坚释放经济体制改革红利

党的十八届三中全会就全面深化改革作出了总体部署，涉及 15 个领域、330 多项重大改革举措，这些重大改革举措正成为中国建设经济强国的强大动力。在经济新常态下，我们要更加突出全面深化改革的重要作用，不断加大全面深化改革的力度，遵循好经济规律、社会规律和自然规律这"三大规律"，为"十四五"时期的经济社会发展建设，提供源源不断的持久动力。

党的十八届三中全会指出，政府职能转变的核心仍然是处理好政府和市场的关系，使市场在资源配置中起决定性作用和更好发挥政府作用。"更好发挥政府作用，就要切实转变政府职能，深化行政体制改革，创新行政管理方式，健全宏观调控体系，加强市场活动监管，加强和优化公共服务，促进社会公平正义和社会稳定，促进共同富裕。"这对于实现国家治理体系和治理能力现代化，具有十分重要的现实意义。

一、简政放权加快转变政府职能

党的十八大以来，深化经济体制改革的一系列动作，都指向了一个中心目标——通过简政放权，处理好政府和市场的关系，处理好政府与社会的关系，释放市场和社会的活力。简政放权已成为经济体制改革的核心路径。从2013年至2014年，国务院已经取消下放九批共798项。简政放权的力度和速度前所未有，这意味着五年完成的承诺提前到两年内完成。这些措施对减轻企业负担、激发企业和市场活力具有重要作用，社会上给予了积极回应，对政府自我革命评价较高。2014年7月29日，中共中央政治局会议要求，要增大简政放权的含金量，加紧深化投资体制改革，尽快放开自然垄断行业的竞争性业务，加快服务业有序开放，放开制造业准入限制。

简政放权是一项庞大的工程，什么样的审批权需要保留，什么样的审批权应该削减，需要有个严密的逻辑，不能任由政府自己拍板，而是需要多方监督、社会协同、公众参与，要经得起市场检验和社会评价。经过十多年的行政审批制度改革，可以说容易取消和下放的行政审批事项都改革完了，剩下的都是难啃的"硬骨头"。因此，深入推进简政放权，关键就是要坚持问题导向，将那些束缚经济社会发展、含金量高、突破价值大的权力取消和下放出去，就取消和下放两者而言，重点应该是取消，真正实现"政府的自我革命"，激发市场内在动力和活力。

（一）完善宏观调控思路

十八届三中全会通过的《中共中央关于全面深化改革若干重大问题的决定》指出："宏观调控的主要任务是保持经济总量平衡，促进重大经济结构协调和生产力布局优化，减缓经济周期波动影响，防范区域性、系统性风险，稳定市场预期，实现经济持续健康发展。"传统宏观调控思路更多强调速度和规模的指标，更为关注GDP、物价、货币供应、信贷投放、财政收支等数据，这当然是必要的，但显然不够全面。宏观调控既是科学也是艺术，需要高超的驾驭能力和技巧，把握好时机、方式和力度，使各项目标、各种手段有机协同、互补平衡。经济新常态下，宏观调控的重点是关注经济发展质量、效益以及民生、生态等指标，综合考虑经济社会发展的各个部分，统筹做好稳增长、促改革、调结构、惠民生各项工作。要加强国家发展战略和规划的宏观引导、统筹协调功能，充分发挥国家发展规划对政府公共预算安排、金融资本运用、国土空间开发、资源合理配置等政策措施的综合协调作用。

（二）以法治思维和法治方式推进行政执法改革

十八届四中全会对行政执法体制改革作出了全面部署。《中共中央关于全面推进依法治国若干重大问题的决定》强调，要深化行政执法体制改革，推进综合执法，完善市县两级政府行政执法管理，严格实行行政执法人员持证上岗和资格管理制度，健全行政执法和刑事司法衔接机制[①]。同时，要坚持严格规范公正文明执法，建立健全行政裁量权基准制度，全面落实行政执法责任制。在行政执法领域创新行政管理方式，强化法治思维和法治方式意识，做到有法可依，有法必依。改变行政执法随意性强、规范性弱等问题，提高行政执法公信力。提高各级领导干部运用法治思维和法治方式做好工作的能力，形成办事依法、遇事找法、解决问题用法、化解矛盾靠法的良好法治环境。

（三）依靠社会信用体系建设加强市场监管

激发企业和市场活力，必须加强市场监管，创造公平竞争和运转有序的市场环境。2014 年 6 月，国务院出台了《关于促进市场公平竞争，维护市场正常秩序的若干意见》，有关部门也在抓紧制订有关社会信用体系建设的制度措施。通过建立企业信息公开制度、建设社会信用体系等方式，创新和完善行政管理方式，推动建设统一开放、竞争有序、诚信守法、监管有力的市场监管体系。

---

① 《十八大以来重要文献选编》（上），中央文献出版社 2014 年版，第 530 页。

（四）积极开展政策措施第三方评估工作

评估是绩效管理的关键环节，第三方评估是政府绩效管理的重要形式，通常包括独立第三方评估和委托第三方评估。第三方评估作为一种必要而有效的外部制衡机制，弥补了传统的政府自我评估的缺陷，在促进服务型政府建设方面发挥了不可替代的促进作用。2014年夏和2015年夏，国务院办公厅连续两年委托国家行政学院等单位进行的第三方评估，取得了良好的社会影响。这种评估形式不同于传统的政府机关的自我考评，在现实中能够有效克服政府部门既当"运动员"又当"裁判员"引发的考评不公，对促进政府部门的作风转变，促进地方经济社会发展，均有不可替代的重要作用。

（五）强化公共服务职能，提高公共服务总体水平

加强政府在社会保障、教育、卫生、文化等方面的职能配置，形成完善的公共服务体系，做到政府公共服务职责不"缺位"。要努力将政府公共服务职责法治化，明确政府公共服务的权责体系，消除政府怠于提供公共服务的随意性。同时，要积极推动公共服务的社会化，实现治理主体的多元化。在我国，随着市场经济的发展，社会资源的占有和支配呈现出多元化的特点，政府不可能、也没必要对社会性公共服务和社会事务实行全方位的直接管理，相当部分社会性和公益性的公共服务应当从政府的职能中分离出来，形成多元主体参与的公共服务供给格局和有效的公共服务责任机制。

（六）增加公共产品有效供给

公共投资促进经济增长的机制主要表现为以下方面：一是公共投资需求作为社会总需求的重要构成部分，其扩张本身就引致社会总需求的

扩张。由于总供给大于总需求已成为我国宏观经济运行常态，在政策层面上，我国注重利用公共投资扩张手段以实现经济持续稳定增长具有积极的意义。二是公共投资的主要领域往往具有典型的正外部效应，比如，基础产业与基础设施，它的发展直接为以此为发展基础的相关产业部门的扩张提供了支持。国际经验表明，高速增长期结束并不意味着中高速增长期会自然到来。在由高速增长向中高速增长转换的过程中，政府应当把握底线思维，稳定经济增长，防止经济出现断崖式下滑而引发的系统性风险。因此，我们要重点增加公共基础设施和教育、医疗、社会保障等民生投资，提高公共产品的总量与质量，使公共服务与经济增长协调发展。

二、激发各种所有制经济的活力

党的十八届三中全会指出，公有制为主体、多种所有制经济共同发展的基本经济制度，是中国特色社会主义制度的重要支柱，也是社会主义市场经济体制的根基。公有制经济和非公有制经济都是社会主义市场经济的重要组成部分，都是我国经济社会发展的重要基础。这是我们党总结改革开放 30 多年特别是近 20 年来发展社会主义市场经济经验作出的重要论述，是对我国基本经济制度认识的深化。

改革以来的实践已经证明：实行社会主义初级阶段的基本经济制度，已经大大地促进了社会生产力的发展。其主要表现是：我国经济已经实现了长期、持续、快速、平稳和效益趋于提高的发展，公有制经济和非公有制经济都取得了显著的成绩。党的十八届三中全会《决定》专门论述了"坚持和完善基本经济制度"，并再次重申两个"必须毫不动摇"，即必须毫不动摇巩固和发展公有制经济，坚持公有制主体地位，发挥国有经济主导作用，不断增强国有经济活力、控制力、影响力；必须毫不动摇鼓励、支持、引导非公有制经济发展，激发非公有制经济活力和创造力。坚持以公有制为主体、多种所有制经济共同发展的基本经济制度，是中国特色社会主义制度的重要支柱，也是社会主义市场经济体制的根据。坚持和完善基本经济制度是中国从经济大国迈向经济强国的重要制度保障。

（一）完善产权保护制度

产权制度是关于产权界定、运营、保护的一系列体制安排，是社会主义市场经济存在和发展的基础。完善产权保护制度是坚持和完善基本经济制度、完善社会主义市场经济体制的迫切需要。完善产权保护制度，一是要求科学地制定和有效地实施有关法律法规，清楚界定各类产权边界，明确占有、使用、收益、处分权能的归属关系，并严格加以保护，使其他主体不可随意侵犯，在政府与企业、企业与企业、个人与个人之间形成平等的法律地位和发展权利，以保证经济活动的参与者各自应有的利益。这是各类市场主体积极参与市场竞争、创造性开展生产经营活动的动力，也是其生产经营行为得以自觉约束和生产经营责任得以有效维护的基础。二是要求在市场主体内部，无论是公有制企业还是非公有制企业，都要建立权利与责任相对称的关系，使每个经济活动的参加者都有明确的权利，能够承担相应的责任，并享有应得的利益，实现激励与约束的统一。三是要求消除一切不合理的行政限制、区域保护、行业垄断和产权壁垒，尤其是消除对非公有制经济的限制，同时大力规范发展产权交易市场，使产权主体的资源要素按市场规律以更为简易、方便、快捷的方式顺畅流动，实现资源的优化配置，推动经济结构的调整与升级。

（二）积极发展混合所有制经济

积极发展混合所有制经济，是坚持和完善基本经济制度，不断壮大我国社会主义市场经济体制根基的重要任务。一是要允许更多国有经济和其他所有制经济发展成为混合所有制经济。要着力改善国有企业股本结构，实现投资主体和产权多元化。支持民营企业和外资企业等非公有制企业通过参股、控股或并购等多种形式依法参与国有企业的改制重组。推动民营企业引进国有资本或其他社会资本，优化产权结构。政府新投资项目要鼓励非国有资本参股。允许混合所有制经济推行企业员工持股，形成资本所有者和劳动者利益共同体，充分调动员工的积极性，分享企业发展的成果。二是要完善国有资产管理体制。这是推动国有经济发展混合所有制经济的重要体制基础。以管资本为主加强国有资产监管，改革国有资本授权经营体制，组建若干国有资本运营公司，支持有条件的国有企业改组为国有资本投资公司，以推进国有资本合理流动。国有资本投资运营要服务于国家战略目标，更多投向关系国家安全、国民经济命脉的重要行业和关键领域，重点提供公共服务，发展重要前瞻性战略性产业、保护生态环境、支持科技进步、保障国家安全。三是要不断完善国有资本收益分配制度。为应对人口老龄化，可以减少国有企业直接持有股份，划转部分国有资本充实社会保障基金。提高国有资本收益上缴公共财政比例，是国家以所有者身份对国有资本实行收益分配的重要体现。

（三）推动国有企业完善现代企业制度

推动国有企业完善现代企业制度意义重大，影响深远。要按照党的十八届三中全会的重要部署，突出重点、分类实施，加快落实《中共中央、国务院关于深化国有企业改革的指导意见》[①]。国有企业身处不同行业，其功能目标、产权结构、公司治理、改革重点都有明显区别。进一步深化国有企业改革，首先要准确界定不同国有企业的功能，实施分类改革和监管。进一步推动国有经济战略布局调整。这是国有企业转变发展方式、提高发展质量效益的关键。一是完善国有资本合理流动机制。国有资本投资运营要服务于国家战略目标，更多投向关系国家安全、国民经济命脉的重要行业和关键领域，重点提供公共服务、发展重要前瞻性战略性产业、保护生态环境、支持科技进步、保障国家安全。二是允许更多国有经济和其他所有制经济发展成为混合所有制经济，允许企业员工持股。三是推进国有企业重组和调整，引导国有企业突出主业，加大内部资源整合力度，采用多种方式剥离重组非主业资产。积极利用资本市场和产权市场，吸收民间资本和战略投资者参与国有企业改制改组。

（四）不断完善国有资产管理体制

这是推进国有企业改革发展的体制保障。要坚持国家所有、分级代表的原则，坚持政企分开、政资分开的改革方向，按照权利、义务和责任统一，管资产与管人、管事相结合的要求，持续推进国有资产管理体制改革。一是继续推动履行社会公共管理职能的部门与企业脱钩，实现经营性国有资产集中统一监管。二是以管资本为主加强国有资产监管。大力推进国有资产资本化，改革国有资本授权经营体制，组建若干国有资本运营公司，支持有条件的国有企业改组为国有资本投资公司。三是完善国有资产监管机构和职能，以产权关系为纽带，落实国有资产监管机构的各项法定职责。四是健全国有资产监管法规体系。围绕进一步规

---

① 《中共中央、国务院关于深化国有企业改革的指导意见》于 2015 年 9 月 15 日公布。

范政府、国资监管机构与国有企业之间的关系，健全国家出资企业投资管理、财务管理、产权管理、风险管理等专项管理制度，健全国有资产基础管理制度。五是建立科学的企业业绩考核指标体系，不断完善分类考核制度，提高考核指标的导向性和针对性。

（五）废除对非公有制经济各种形式的不合理规定

改革开放以来，我国出台了一系列鼓励和支持非公有制经济发展的方针政策，这些政策极大地促进了非公有制经济健康发展，但实践中仍然存在政策落实不力的问题，有些地方还存在一些阻碍非公有制经济发展的歧视性政策和不合理规定。解决这些问题，必须从制度设计入手，加快清除现行制度中不利于非公有制经济发展的各项法规政策规定。消除非公有制经济健康发展的各种隐性壁垒。伴随着社会主义市场经济体制的不断完善，非公有制经济发展的政策环境显著改善，各种阻碍非公有制经济发展的显性规定正在逐步废除，但在实际操作过程中，仍然存在着诸多隐性壁垒，特别突出的是"玻璃门""弹簧门""旋转门"现象。鼓励非公有制经济参与国有企业改革。随着非公有制经济参与国有企业改革的制度条件不断完善，非公有制经济已经成为推动国有企业改革的重要力量。实践证明，国有企业改革做得比较好的地方，也是非公有制经济发展比较活跃的地方，非公有制经济和公有制经济的共赢发展，为社会主义市场经济创造了多元市场主体互相竞争、充满活力的体制环境。要鼓励非公有制企业参与国有企业改革，进一步加大对非公有制经济参与国有企业改革的鼓励与支持。鼓励发展非公有制资本控股的混合所有制企业。混合所有制经济是社会主义市场经济的重要内容，是中国特色社会主义所有制的有效实现形式。要鼓励发展非公有资本控股的混合所有制企业，允许更多国有经济和其他所有制经济发展成为混合所有制经济。

三、构建现代市场经济体系

资源配置方式有两种，一种是计划机制，另一种是市场机制。改革开放之前，我国资源配置实行的是高度集中的计划经济体制，实践证明通过计划机制实现资源配置是失败的。党的十八届三中全会指出，要紧紧围绕使市场在资源配置中起决定性作用深化经济体制改革，这就表明在资源配置中市场机制的作用进一步增强，这就是资源配置要由市场机制而不是由计划机制决定。

（一）构建现代市场体系

要构建现代市场体系，既需要培育大量的充满活力的商品和生产要素的供给者，也需要培育无数个理性的需求者。从供给者来看，就要加快培育无数个具有充分活力的能够自主经营自负盈亏的市场主体即企业，一方面需要坚持"两个毫不动摇"，即毫不动摇地坚持和发展公有制经济，毫不动摇地鼓励、支持、引导非公有制经济的发展；另一方面需要降低企业门槛，取消不必要的审批，为企业松绑，把事前审批转变为事后监督，引导和鼓励亿万人民群众主动积极地创业。从需求者来看，还需要培育大批自由选择自主消费的需求者，这就要求不断提高消费者的收入水平，让更多人有能力消费；需要不断创造新的产品，诱导新的消费需求；需要严格保护消费权益，让消费者放心消费等。

（二）处理好政府与市场关系

市场在价格形成中起决定性作用，应当贯穿于价格形成的全过程、各领域。这就要求我们正确处理政府与市场的关系，凡是能够通过市场竞争形成价格的，都要放开价格管制，放手由市场形成价格。对那些暂不具备条件的，要积极探索建立符合市场导向的价格动态调整机制，并创造条件加快形成主要由市场决定价格的机制。政府定价要注重在"减""放""改"方面下功夫。"减"，就是在科学论证的基础上进一步减少政府定价的范围和具体品种，包括对自然垄断行业也要加以细分，使政府定价限定在网络型自然垄断环节。要深化垄断行业改革，引入竞争机制，为减少政府定价创造条件。"放"，就是按照简政放权的要求，对于部分可以由地方政府价格部门制定价格的商品和服务价格，进一步下放给地方政府价格部门，以就近管理，更好地反映当地实际。"改"，就是进一步改进政府定价方法，规范政府定价行为，提高政府定价的科学性、公正性和透明度。

（三）深化价格形成机制改革

完善主要由市场决定价格的机制，必须深化资源性产品、垄断行业及农产品等重点领域的价格形成机制改革，真正使市场在资源配置中起决定性作用，真正通过更加合理有效灵活的价格杠杆，优化全社会资源配置，促进经济发展方式转变和长期持续健康发展。一是深化成品油、天然气等资源性产品价格形成机制改革。要坚持市场化方向，提高市场化程度，凡是能够通过市场竞争形成的价格，都要放开由市场决定和调节；暂不具备条件完全放开的，也要积极建立符合市场导向的价格动态调整机制。二是大力推动交通运输价格和电信资费改革。要坚持铁路运价改革市场化取向，创造条件将铁路货运价格由政府定价改为政府指导价，建立依据运行速度和服务质量等因素确定铁路客运价格形成机制。同时，要逐步扩大民航实行市场调节价格范围，进一步提高民航价格的市场化程度。在电信资费改革方面，要按照扩大市场准入、促进公平竞争、提高服务质量的要求，规范电信资费行为，对电信增值业务资费实行市场调节价。三是逐步完善农产品价格形成机制。要注重发挥市场形成价格作用，统筹兼顾国内与国际、中央与地方、产区与销区、农民与消费者等多重因素和利益关系，建立健全适应形势发展要求的农产品价格形成机制，以利于促进农业生产发展、市场供求基本平衡、保障国家粮食安全、保护农民和消费者利益。

四、深化财政税收体制改革

财政是国家治理的基础和重要支柱，科学的财税体制是优化资源配置、维护市场统一、促进社会公平、实现国家长治久安的制度保障。党的十八届三中全会共提出 336 项改革任务，其中财政部门作为牵头单位的有 76 项，作为参加单位的有 129 项，财税改革的重要性由此可见一斑。2014 年 6 月 30 日，中共中央政治局审定通过了《深化财税体制改革总体方案》，明确了财税改革的时间表与路线图，2020 年基本建立现代财政制度。

财政作为配置公共资源的核心制度安排，体现着政府与市场、政府与社会、中央与地方政府之间三大重要关系，涉及经济、政治、文化、社会、生态文明等各个方面，对所有与公共资金相关的主体、行为都将产生重要影响，与各级政府、所有政府部门更是密切相关。

（一）改进预算管理制度

改进预算管理的目标，是加快建立全面规范、公开透明的政府预算制度，使预算编制科学完整、预算执行规范有效、预算监督公开透明，三者有机衔接、相互制衡。一是深入推进预决算公开。政府支出预决算全部细化到项级科目，专项转移支付预算细化到具体项目。除按项级科目公开外，逐步将部门预决算公开到基本支出和项目支出。加大"三公"经费公开力度，细化公开内容，所有财政拨款安排的"三公"经费都要公开。二是建立定位清晰、分工明确的政府预算体系。明确公共财政预算、政府性基金预算、国有资本经营预算、社会保险基金预算的支出范围和重点，加强统筹协调，避免交叉重复。进一步加大国有资本经营预算资金调入公共财政预算的力度。三是实行中期财政规划管理。提高财政政策的综合性、前瞻性和可持续性。四是建立跨年度预算平衡机制。中央财政预算因政策需要可编列赤字，在政策调整后分年弥补。预算执行中如出现超收，原则上用于削减财政赤字、补充预算稳定调节基金；如出现短收，通过调入预算稳定调节基金、削减支出或增列赤字并在经全国人大审定的国债限额内发债平衡。

（二）进一步完善税收制度

要进一步改进和完善税种税制，理顺国家与企业、居民之间的税收分配关系，充分发挥税收筹集收入、调节分配、调控经济的职能作用，加快形成有利于科学发展、社会公平、市场统一的税收制度体系。今年改革的重点是：一是继续推进营改增改革。将根据试点情况，进一步完善试点方案及相关配套政策，力争在"十三五"期间全面完成营改增改革。二是改革完善消费税制度。调整消费税征收范围、环节和税率，把一些高耗能、高污染产品及部分高档消费品纳入征税范围。三是全面深化资源税改革。实施煤炭资源税从价计征改革，同时清理相关收费基金。此外，加快推动房地产税立法进程和环境保护税立法工作，进一步扩展小型微利企业税收优惠政策，更好地发挥税收调节功能。

（三）推进建立事权和支出责任相适应的制度

目前，我国中央和地方事权与支出责任划分存在不清晰、不合理、不规范等问题，应逐步建立健全中央和地方财力与事权相匹配的体制机制，提高国家治理的有效性。一是抓紧研究调整中央与地方事权和支出责任。合理划分各级政府间事权和支出责任，适度加强中央事权和支出责任。二是研究理顺中央与地方收入划分。保持现有中央和地方财力格局总体稳定，进一步理顺政府间收入划分。三是进一步优化转移支付结构。清理、整合、规范专项转移支付，逐步取消竞争性领域专项和地方资金配套。

（四）加强地方政府性债务管理

政府债务管理事关发展全局，要坚持疏堵结合，把短期应对措施和长期制度建设结合起来，做好地方政府性债务管理工作。一是研究赋予地方政府依法适度举债融资权限，建立以政府债券为主体的地方政府举债融资机制。抓紧剥离融资平台公司承担的政府融资职能。二是对地方政府性债务实行分类管理和限额控制。对没有收益的公益性事业发展确需政府举借的一般债务，由地方政府发行一般债券融资，主要以公共财政收入和举借新债偿还；对有一定收益的公益性事业发展确需政府举借的专项债务，主要由地方政府通过发行市政债券等专项债券融资，以对应的政府性基金或专项收入偿还。三是加快建立权责发生制政府综合财务报告制度。修订财政总预算会计制度，对部分事项采用权责发生制。四是建立债务风险预警及化解机制。列入风险预警范围的高风险地区不得新增债务余额。

第五章　创新驱动提升国家核心竞争力

改革开放 30 多年来，我国经济增长主要是依靠劳动力、资本、资源三大传统要素投入，与许多发展中国家走过的道路一样，是一种典型的要素驱动型。从当前的情况看，出现了许多新情况、新变化，按照传统的经济增长方式，以往的三大要素均面临着诸多瓶颈约束，已难以支持我国经济的长期可持续增长。"十四五"时期，要破解这些约束，就必须坚持走中国特色自主创新道路，敢于走别人没有走过的路，不断在攻坚克难中追求卓越，加快向创新驱动发展转变。

科技兴则民族兴，科技强则国家强。从世界范围看，近现代社会经济政治发展始终与科技革命、科技创新相伴而行，每一次革命性的科技突破都会造就新的世界强国，谁抓住了科技创新的机遇，谁就掌握了向强国迈进的主动权。历史雄辩而生动地告诉我们，科学是最高意义上的革命力量，各国综合国力竞争说到底就是科技实力的竞争，具有强大的科技创新力量是成为世界经济强国的前提条件和客观基础。

一、建立技术创新市场导向机制

当前，我国经济总量已跃居世界第二位，但生产力总体水平仍然不高，经济发展中的结构问题依然突出。要实现经济社会的持续快速发展，实现 13 亿多人的现代化，必须加快经济发展方式转变和结构调整，必须依靠科技创新，降低对能源、资源、环境的消耗，走新型工业化、信息化、城镇化、农业现代化"四化同步"的"并联式"发展道路。特别是我国人均国内生产总值已接近一万美元，到了跨越"中等收入陷阱"的关键时期，发挥好科技创新的作用尤为重要。

"十三五"时期，中央特别强调科技创新在国家强盛和民族复兴中的重要地位，强调要加快从要素驱动发展为主向创新驱动发展转变，由科技实力的提升带动经济实力的提升，最终实现综合国力的提升。实施创新驱动发展战略事关国家前途命运，既是形势所迫，也是大势所趋，必须加紧落实。发挥市场对技术研发方向、路线选择和各类创新资源配置的导向作用，调整创新决策和组织模式，强化普惠性政策支持，促进企业真正成为技术创新决策、研发投入、科研组织和成果转化的主体。

（一）扩大企业在国家创新决策中话语权

建立高层次、常态化的企业技术创新对话、咨询制度，发挥企业和企业家在国家创新决策中的重要作用。吸收更多企业参与研究制定国家技术创新规划、计划、政策和标准，相关专家咨询组中产业专家和企业家应占较大比例。国家科技规划需要聚焦战略需求，重点部署市场不能有效配置资源的关键领域研究，竞争类产业技术创新的研发方向、技术路线和要素配置模式由企业依据市场需求自主决策。鼓励构建以企业为主导、产学研合作的产业技术创新战略联盟。更多运用财政后补助、间接投入等方式，支持企业自主决策、先行投入，开展重大产业关键共性技术、装备和标准的研发攻关。

（二）继续做大做强一批行业龙头企业

支持有条件的创新型企业承担国家重大科技攻关任务，参与重点工程建设，鼓励企业加大先进技术收购引进、消化吸收和再创新。在研发实力较强的企业建设国家重点实验室和工程技术中心等技术研发机构，引导有条件的企业参与基础前沿研究，提高企业原始创新能力。同时，要加强对中小微企业的创新支持。中小微企业具有独特的创新优势，是市场经济条件下应对技术路线多样、商业模式多变的重要力量。要营造公平竞争的市场环境，大力支持民营企业和中小微企业的创新活动，激发创新活力。以企业需求为导向，构建一批公共技术创新服务平台，为企业特别是中小微企业提供技术创新服务。积极引导和支持地方结合各自特色优势产业，建设工研院、产业技术研究院等区域公共科技服务平台。

（三）完善中小企业创新服务体系

加快推进创业孵化、知识产权服务、第三方检验检测认证等机构的专业化、市场化改革，壮大技术交易市场。积极优化国家实验室、重点实验室、工程实验室、工程（技术）研究中心布局，按功能定位分类整合，构建开放共享互动的创新网络，建立向企业特别是中小企业有效开放的机制。探索在战略性领域采取企业主导、院校协作、多元投资、军民融合、成果分享的新模式，整合形成若干产业创新中心。加大国家重大科研基础设施、大型科研仪器和专利基础信息资源等向社会的开放力度。

二、完善科技成果转化激励政策

我国鼓励创新驱动的体制机制还存在许多"痛点""堵点"。比较典型的是科技成果转化的激励机制明显滞后。一些地方和单位制定了苛刻、复杂的条件，影响了科研人员推动成果转化的积极性。有的高校反映，在进行科技成果转化时，如果将收益量化到科研人员个人头上，按现在的税收政策，就必须交一笔可观的所得税，但因为科研成果还没有转化成现实收益，科研人员根本不可能交这笔钱，只能放弃将成果进行转化。另外我国知识产权保护的也还在很大的提升空间，鼓励创新的政策体系比较"碎片化"，还没有形成全国普遍适用的政策支持体系。强化尊重知识、尊重创新，充分体现智力劳动价值的分配导向，让科技人员在创新活动中得到合理回报，通过成果应用体现创新价值，通过成果转化创造财富。

（一）加快下放科技成果使用、处置和收益权

不断总结试点经验，结合事业单位分类改革要求，尽快将财政资金支持形成的，不涉及国防、国家安全、国家利益、重大社会公共利益的科技成果的使用权、处置权和收益权，全部下放给符合条件的项目承担单位。单位主管部门和财政部门对科技成果在境内的使用、处置不再审批或备案，科技成果转移转化所得收入全部留归单位，纳入单位预算，实行统一管理，处置收入不上缴国库。改革国有技术类无形资产管理体制，赋予单位、研发团队、科技人员对科技成果使用、处置的自主权，取消行政审批、备案程序。

（二）提高科研人员成果转化收益比例

完善职务发明制度，推动修订专利法、公司法等相关内容，完善科技成果、知识产权归属和利益分享机制，提高骨干团队、主要发明人受益比例。完善奖励报酬制度，健全职务发明的争议仲裁和法律救济制度。修订相关法律和政策规定，在利用财政资金设立的高等学校和科研院所中，将职务发明成果转让收益在重要贡献人员、所属单位之间合理分配，对用于奖励科研负责人、骨干技术人员等重要贡献人员和团队的收益比例，可以从现行不低于20%提高到不低于50%。国有

企业事业单位对职务发明完成人、科技成果转化重要贡献人员和团队的奖励，计入当年单位工资总额，不作为工资总额基数。改革国有科技成果类无形资产定价机制，允许通过协议定价、挂牌交易、拍卖等方式确定成果价格。

（三）加大科研人员股权激励力度鼓励各类企业通过股权、期权、分红等激励方式，调动科研人员创新积极性

对高等学校和科研院所等事业单位以科技成果作价入股的企业，放宽股权奖励、股权出售对企业设立年限和盈利水平的限制。建立促进国有企业创新的激励制度，对在创新中作出重要贡献的技术人员实施股权和分红权激励。积极总结试点经验，抓紧确定科技型中小企业的条件和标准。高新技术企业和科技型中小企业科研人员通过科技成果转化取得股权奖励收入时，原则上在五年内分期缴纳个人所得税。结合个人所得税制改革，研究进一步激励科研人员创新的政策。允许科技人员离岗或在岗转化科技成果，特别是允许高校、院所具有党政领导干部和科技人员"双重身份"的人员，在履行岗位职责的前提下，采取适当形式离岗或在岗创新创业。

三、造就宏大的科技人才队伍

人才资源是第一资源，规模宏大的创新型科技人才队伍是加快我国科技进步和创新的根本保障。把科技人才队伍建设摆在科技工作的突出位置，以培养、引进和用好高层次创新型科技人才为核心，创新人才培养体制机制，营造人才成长良好环境，造就规模宏大、结构合理、素质优良的创新型科技人才队伍，为创新型国家建设提供强大的人才保障和智力支持。

（一）壮大和优化创新型科技人才队伍

继续增加科技人力资源供给，进一步优化科技人才结构，提升科技人才质量。重视高层次创新型科技人才队伍建设，加强世界一流科学家、科技领军人才的培养。加大对优秀青年科技人才的发现、培养和资助力度，建立适合青年科技人才成长的用人制度。加强面向生产一线的实用工程人才、卓越工程师和专业技能人才的培养。加强对实验技师等科研辅助人才的培养和培训。重视科技管理、科技服务和科普人才队伍建设，加快科技成果转化服务专业人才队伍培养。通过进一步调整和优化科技人才队伍布局，形成各类人才衔接有序、梯次配备的人才队伍结构。

（二）造就一批高层次科技领军人才和创新团队

以高端人才为引领，坚持整体推进与重点突破相结合，组织实施创新人才推进计划，深入推进"千人计划""长江学者奖励计划""国家杰出青年科学基金""百人计划"等高层次科技人才培养和引进工作。重点培养和引进各类高层次创新型科技人才2.5万人以上。推动科学家工作室建设，凝聚一批世界一流科学家。瞄准世界科技前沿和我国产业发展需求，重点支持和培养2000名左右中青年科技创新领军人才。加强高水平创新团队建设，在实施创新人才推进计划和相关科技计划中，加大对优秀创新团队的引导和支持。

（三）改革完善创新型人才的教育培养模式

深入推进科技教育结合，着力完善适应国家科技发展需求的人才培养模式。推行创新型教育方式方法，把创新教育环节融入国民教育、职业教育和继续教育体系。把提升科学研究能力作为创新型人才培养的关键环节，支持研究生参与承担科研项目，为本科生参加科研活动创造条件，突出培养各级在校学生的科学精神、创造性思维和创新能力。根据国家科技和经济发展需要，及时引导高等学校调整优化学科专业，充分发挥高等学校的人才优势和创新潜力，加强交叉学科、新兴学科领域专业人才培养。加强高等学校工程技术类专业的实践教育，推行产学研合作教育模式和"双导师"制，促进高等学校与科研院所、企业联合培养科技人才。以国家重大科研项目和重大工程、重点学科和重点科研基地、国际学术交流合作项目等为依托带动人才培养。鼓励高新区、大学生创业园等机构开展高等学校毕业生技能培训和创业培训。进一步弘扬科技工作者求真务实、勇于创新的科学精神。

（四）支持科技人员创新创业

重点依托高新区、大学科技园、科技企业孵化器、行业协会等，扶持和鼓励科技人员的创新创业活动。加强对科技型中小企业创新创业和发展的政策支持，积极为创业人才提供服务，培养杰出的创新型企业家和高级管理人才，充分发挥企业家和科技创业者在科技创新中的重要作用。支持重点产业领域中以企业为主体的产学研联盟、研发组织、技术平台等创新团队，为其共性技术研发、公益服务等活动提供支持。

四、鼓励大众创业万众创新

推进大众创业、万众创新，是培育和催生经济社会发展新动力的必然选择。随着我国资源环境约束日益强化，要素的规模驱动力逐步减弱，传统的高投入、高消耗、粗放式发展方式难以为继，经济发展进入新常态，需要从要素驱动、投资驱动转向创新驱动。推进大众创业、万众创新，就是要通过结构性改革、体制机制创新，消除不利于创业创新发展的各种制度束缚和桎梏，支持各类市场主体不断开办新企业、开发新产品、开拓新市场，培育新兴产业，形成小企业"铺天盖地"、大企业"顶天立地"的发展格局，实现创新驱动发展，打造新引擎、形成新动力。

（一）破除阻碍创新的思想藩篱

"创新是一个破坏性的过程"，推动创新就必然会触动已有的利益，会瓦解已有的格局，会冲击已有的体系。正如李克强总理所指出的："惟有改革，才能破除创新的思想藩篱；惟有改革，才能冲破制约创新的体制机制。"尤其是在当前世界创新浪潮的冲击下，新技术、新产品、商业模式和新的思维理念不断涌现，一些部门、一些个人对其认识还不充分、感情上还不能完全接受。一要打破利益束缚，持续优化创新创业环境。要从大局出发，将推动创新创业置于推动经济社会发展的核心地位，营造公平、有序的市场竞争环境。二要坚持理念创新，从不适应、不利于创新发展的陈旧观念、僵化思维的束缚中解放出来。要进一步解放思想、突破常规、敢为人先，破除不愿创新、不敢创新、不能创新的思想藩篱，善于运用新思维、新观念引领创新发展。三要充分认识科技发展的成就，增强创新自信。中国在发展，世界也在发展。我国的自主创新特别是原始创新能力还不强，我们必须正视现实、承认差距、明确方向，时不我待地去缩小差距。四要切实提高思想认识，形成发展共识与合力。各部门、地区之间也要建立联系机制，交流和借鉴好的工作方法与经验，促进人才、技术等创新创业资源在地区间自由流动和有效配置，形成大众创新创业全国"一盘棋"的良好格局。

（二）深化科技体制改革

如果把科技创新比作我国发展的新引擎，那么改革就是点燃这个新引擎必不可少的点火系。我们要采取更加有效的措施、完善的点火系，把创新驱动的新引擎全速发动起来。近几年来，我国科研人员的论文发表数、专利申请数都名列世界前茅，甚至超过美国成为世界第一，说明我国的科学研究已经取得了举世瞩目的成就，现在的关键问题就是如何通过深化科技体制改革，将研究成果转化为实实在在的社会生产力。我们要进一步深化科技体制改革、调整国家科技创新战略规划、改变科技资源配置机制、完善政绩考核体系和激励政策，加强知识产权保护，为创新创业夯实基础。我们必须进一步贯彻落实简政放权等改革，把国务院部署的各项改革措施不折不扣地落实下去，切实减少政府干预过多和监管不到位的问题。放要到位，不能"犹抱琵琶半遮面"，降低市场准入门槛，减少各种行政审批事项，精简优化办事流程，坚决去掉繁文缛节，转动简政放权改革这个大齿轮，激活市场创业创新的千千万万个小齿轮，打造中国经济的新引擎；管要有力，要适应商事制度改革后各类市场主体、新兴业态大量涌现的新形势，加强事中事后监管，转变监管理念，创新监管方式，提高监管效能。特别要广泛利用新的科技手段实施监管，比如"互联网＋监管"等有效手段。

（三）使创新创业成本更低，服务体系更周全

我国大多数企业的创新能力和意愿，与发达国家相比还有较大差距，这其中很大程度上是由于激励引导机制比不上创新能力强的国家，应该积极借鉴美、日、韩、欧等国家的经验和做法。比如，借鉴韩国的"技术开发准备金制度"，建立适合我国国情的"企业研发准备金制度"，运用财政补助机制激励引导企业有计划、持续地增加研发投入。借鉴英国经验，探索试行创新产品与服务远期约定政府购买制度，向社会发布远期购买需求，通过政府购买方式确定创新产品与服务提供商，在创新产品与服务达到合同约定的要求时，按合同约定的规模和价格实施购

买。借鉴美国的科技成果转化的法律制度建设和日本的创新组织制度建设，构建促进我国产学研结合的创新制度体系。比如，一些地方实施的科技"创新券"政策，能够降低企业创新投入成本，增强创新氛围，激发创新活力。再如，一些地方探索实施的科技企业孵化器风险补偿金制度、允许科技企业孵化器房屋分割转让等政策，能够快速促进科技成果孵化。加大对"双创"的支持力度。比如，通过增加公共服务供给，搭建"双创"公共服务平台，使"双创"更加便利；通过优化财税政策，统筹安排各类支持小微企业和"双创"的资金，完善普惠性税收措施等，加大对"双创"的支持力度；通过搞活金融，研究建立战略新兴产业板，使尚未盈利的高新技术企业到创业板发行上市等，使"双创"融资更加容易。

（四）营造良好的创新文化生态

良好的创新文化生态是创新驱动战略最为深厚的土壤。一个适宜创新的文化生态，能让创新的幼苗茁壮成长，进而形成创新的森林。要在全社会营造勇于探索、鼓励创新的文化氛围，形成使一切有利于社会进步的创新愿望得到尊重、创新活动得到鼓励、创新才能得到发挥、创新成果得到运用，创新源泉充分涌流的生动局面。要大力破除"只许成功，不许失败"的老观念，大力营造宽松的创新环境。比如，我们的联想、华为、海尔、腾讯等著名的创新型公司，哪一家企业不是从"幼小枝芽"长成"参天大树"，哪一家企业不是都经历了九死一生的失败考验。因此，我们需要积极培育鼓励探索、宽容失败和尊重创造的文化，让创新的血液在全社会顺畅流动起来。

（五）加强国际创新合作

在激烈的国际竞争中，尽管真正的核心技术是买不来的，但这并不意味着关起门来进行"封闭式创新"。恰恰相反，我们应更好地利用国际科技资源，走出一条开放合作、互利共赢的创新之路。一是增强引进消化吸收再创新能力。在更加重视自主创新、原始创新，牢牢将核心技术掌握在自己手中的同时，要加强国际交流，加强技术引进和合作，增强我们的消化吸收再创新能力。对于国外一些已经较成熟的成果，要想方设法将它们引进来，为我所用。比如，我国的"华龙一号"核电机组，已经成为中国核电"走出去"的主打品牌。"华龙一号"的研发，可以追溯到 20 世纪九十年代末，当时是在引进别国百万千瓦级别核电技术基础上，通过多项技术引进，逐步吸收消化再创新，才最终形成"华龙一号"的自主品牌。二是拓展科技开发合作的深度和广度。科技创新具有很强的正外部性，也就是我们常讲的"外溢效应"。一旦一项成果研发成功，后期的边际投入成本就会很低，能够很快地扩散并带动相关领域的发展。要支持更多的国内企业与国外先进企业进行技术咨询、合作生产、联合制造等方式的合作，促进外资企业和国内企业的技术交流。支持国际学术机构、跨国公司等来华设立研发机构。同时，也要鼓励我们的学术机构和企业"走出去"，鼓励他们参与国际性的重大科学工程和研究计划，加强与国外一流科技智库的联系和合作。三是完善政府间科技合作机制。在经济全球化深入发展的背景下，创新资源和要素在世界范围内加快流动，各国的经济发展与科技创新联系更加密切。要继续深化政府间的创新对话机制，为企业、院校和科研机构间的国际合作打造平台，推进中国与欧美等发达国家在科技前沿领域的合作和交流。通过开展多种形式的平等互利的科技合作，加快建设一批国际联合研究中心和国际技术转移中心，优化国际科技合作布局。各地科技管理部门也要适应全方位开放新格局，依托各地优势领域和特色方向，推动全球科技资源与本地科技资源对接，实现优势互补，不断提升科技创新的层次和水平。

第六章 破解"三农"加快农业现代化发展步伐

当前，我国经济发展进入新常态，正从高速增长转向中高速增长，如何在经济增速放缓背景下继续强化农业基础地位、促进农民持续增收，是必须破解的一个重大课题。虽然，近些年来，我国农业生产稳定增长，农民收入持续提高，农村面貌发生了巨大变化，但城乡经济发展失衡、公共资源与公共服务不均等、城乡居民收入差距大等矛盾仍很突出。"十三五"时期，我们依然把解决好"三农"问题作为全党工作的重中之重，靠改革添动力，以法治作保障，加快推进中国特色农业现代化。

一、积极创新现代农业经营体制

破解三农问题，是治国安邦的重任。中国要强，农业必须强；中国要美，农村必须美；中国要富，农村必须富。"全面建成小康社会，最艰巨最繁重的任务在农村特别是农村贫困地区。"破解三农难题，首先要创新农业经营体制，提升农业对城乡发展一体化的支撑能力，促进城乡各个产业互动发展，实现农业现代化和新型工业化、信息化、城镇化同步发展。

（一）坚持和完善农村基本经营制度

坚持农民家庭经营主体地位，是坚持和完善我国农村基本经营制度的核心。随着我国农业发展方式的加快转变，"十三五"期间，进一步合理引导土地经营权规范有序流转，创新土地流转和规模经营方式，积极发展多种形式适度规模经营，提高农民组织化程度。鼓励发展规模适度的农户家庭农场，完善对粮食生产规模经营主体的支持服务体系。引导农民专业合作社拓宽服务领域，促进规范发展，实行年度报告公示制度，深入推进示范社创建行动。推进农业产业化示范基地建设和龙头企业转型升级。引导农民以土地经营权入股合作社和龙头企业。在加大政策扶持力度的同时，允许财政项目资金直接投向符合条件的合作社，允许财政补助形成的资产转交合作社持有和管护，允许合作社开展信用合作。这就为新型合作经济组织发展提供了更为有利的政策环境。农民合作社作为农村集体经济的新型实体，可以抓住机遇、培育经营活力、增强发展能力、壮大经济实力。

（二）推进农村集体产权制度改革

探索农村集体所有制有效实现形式，创新农村集体经济运行机制，是创新农业经营体制的重要着力点。"十三五"期间，对土地等资源性资产，重点是抓紧抓实土地承包经营权确权登记颁证工作，扩大整省推进试点范围，总体上要确地到户，从严掌握确权确股不确地的范围。对非经营性资产，重点是探索有利于提高公共服务能力的集体统一运营管理有效机制。对经营性资产，重点是明晰产权归属，将资产折股量化到本集体经济组织成员，发展多种形式的股份合作。开展赋予农民对集体资产股份权能改革试点，试点过程中要防止侵蚀农民利益，试点各项工作应严格限制在本集体经济组织内部。通过健全农村集体"三资"管理监督和收益分配制度，充分发挥县乡农村土地承包经营权、林权流转服务平台作用，引导农村产权流转交易市场健康发展，完善有利于推进农村集体产权制度改革的税费政策。

（三）稳步推进农村土地制度改革试点

在确保土地公有制性质不改变、耕地红线不突破、农民利益不受损的前提下，按照中央统一部署，审慎稳妥地推进农村土地制度改革。分类实施农村土地征收、集体经营性建设用地入市、宅基地制度改革试点。制定缩小征地范围的办法。建立兼顾国家、集体、个人的土地增值收益分配机制，合理提高个人收益。完善对被征地农民合理、规范、多元保障机制。赋予符合规划和用途管制的农村集体经营性建设用地出让、租赁、入股权能，建立健全市场交易规则和服务监管机制。依法保障农民宅基地权益，改革农民住宅用地取得方式，探索农民住房保障的新机制。加强对试点工作的指导监督，切实做到封闭运行、风险可控，边试点、边总结、边完善，形成可复制、可推广的改革成果。

（四）推进农村金融体制改革

主动适应农村实际、农业特点、农民需求，不断深化农村金融改革创新。综合运用财政税收、货币信贷、金融监管等政策措施，推动金融资源继续向"三农"倾斜，确保农业信贷总量持续增加、涉农贷款比例不降低。完善涉农贷款统计制度，优化涉农贷款结构。延续并完善支持农村金融发展的有关税收政策。开展信贷资产质押再贷款试点，提供更优惠的支农再贷款利率。鼓励各类商业银行创新"三农"金融服务，其中支持中国农业银行三农金融事业部改革试点覆盖全部县域支行。中国农业发展银行要在强化政策性功能定位的同时，加大对水利、贫困地区公路等农业农村基础设施建设的贷款力度，审慎发展自营性业务。提高农村信用社资本实力和治理水平，牢牢坚持立足县域、服务"三农"的定位。鼓励邮政储蓄银行拓展农村金融业务。提高村镇银行在农村的覆盖面。积极探索新型农村合作金融发展的有效途径，稳妥开展农民合作社内部资金互助试点，落实地方政府监管责任。做好承包土地的经营权和农民住房财产权抵押担保贷款试点工作。鼓励开展"三农"融资担保业务，大力发展政府支持的"三农"融资担保和再担保机构，完善银担合作机制。支持银行业金融机构发行"三农"专项金融债，鼓励符合条件的涉农企业发行债券，开展大型农机具融资租赁试点。进一步强化农村普惠金融，继续加大小额担保财政贴息贷款等对农村妇女的支持力度。

二、完善政策保障国家粮食安全

民以食为天。"手中有粮，心中不慌"，是中国人亘古至今的一个重要信条。美国世界观察研究所所长莱斯特·布朗曾在 1994 年发表一篇《谁来养活中国》的文章，认为中国的粮食问题将导致世界粮食危机。一石激起千层浪，布朗的观点引起了热烈讨论。应当说，这个讨论至今并不能画句号。我国依靠占世界 9% 的耕地，养活了占世界 20% 的人口，这是我国最特殊的国情，也是今后粮食发展面临的最大挑战。中国共产党人为什么能够解决 13 亿多人的吃饭问题呢？这是总结历史经验和教训，不断完善经济政策的结果。

饭碗任何时候都要牢牢端在自己手上，这是由我国作为人口大国的特殊国情决定的。我国是世界上最大的粮食消费国，每年消费量要占到世界粮食消费总量的 1/5，占世界粮食贸易量的两倍多。如果我国出现较大的粮食供求缺口，不仅国际市场难以承受，也会给低收入国家的粮食安全带来不利影响。目前，我国小麦和水稻单产水平与世界前 10 位国家相比，仅为它们平均水平的 60% 左右。从国内看，全国 270 个早稻万亩示范片和 950 个小麦万亩示范片亩产都要比所在县平均水平高出 120 公斤，粮食增产潜力巨大，如果过度进口粮食，必然会冲击国内粮食生产，不利于农业发展和农民增收。

当前，除了受一般供求规律的左右，其他各种因素对粮食生产的影响也越来越明显，包括美元贬值、气候因素以及自然灾害导致的粮食供给不足，生物燃料和消费结构变化导致的粮食需求旺盛，以及部分国家出口禁令、国际投机资本在期货市场上的炒作等。据测算，近十年来全球谷物消费需求年均增长为 1.1%，而产量年均仅增长为 0.5%，难以满足消费需求的持续增加。

从全球视野看，如果把粮食仅仅定义为稻谷、小麦、玉米，我国的粮食供求基本是平衡的。但如果把范围扩至大麦、大豆，乃至油菜籽、食糖以及畜禽产品等，可以说，我们还未完全实现粮食的自给自足。放眼世界可知，全世界仍有一些国家粮食不够吃，饥饿问题严重。解决中国 13 亿多人的吃饭问题，始终是治国安邦的头等大事。中国 13 亿多人不能靠世界养活，只能靠自己。因此，为确保国家粮食安全，必须构建和完善国家粮食安全体系。

（一）加强粮食宏观调控

一是继续增加对农民种粮的补贴规模，提高补贴效果。我国从 2004 年开始实行种粮补贴，补贴规模从 145 亿元增加到 2012 年的 1 628 亿元，在很大程度上弥补了农民因生产成本上升带来的损失。但粮食补贴方式还存在不合理之处。目前，各地一般是将补贴发放给原土地承包户，而租种承包地的农户难以享受政策优惠，补贴资金的效果没有充分体现出来。二是健全对主产区利益补偿机制，保障粮食主产县人均财力达到全省和全国平均水平，调动粮食主产区抓粮的积极性。三是努力完善粮食宏观调控机制，加强对粮食生产、消费、进出口、市场、库存、质量等监测，加强监管，维护正常的粮食流通秩序。

（二）守住耕地保护红线

没有足够的高质量的耕地，谈粮食安全就成了无源之水。这些年，工业化、城镇化占用了大量耕地，有些地方在耕地占补平衡上玩虚的，搞"狸猫换太子"，积累了许多问题。目前，全国各地推进土地制度改革和城镇化发展的热情高涨，但因认识不足或理解偏差，一些地方也出现了乱占滥用土地的苗头，冲击耕地红线。为了保障粮食安全，我们必须坚定不移推进节约集约用地，优化土地利用结构，提高土地利用效率。"十四五"时期，18亿亩耕地红线仍然必须坚守，同时现有耕地面积必须保持基本稳定。这一战略思路是将耕地数量作为保证粮食安全的首要前提，通过保地为保粮奠定基础，通过保量为保质创造条件，最终实现粮地共存、质量兼顾。这是实现我国粮食安全的根本保证。

（三）完善粮食市场定价机制

粮食生产高度依赖水土等自然资源，在人多地少的我国，大幅度提高粮食劳动生产率难度大，从事小规模经营的农民消化生产成本上涨的能力弱。在这种情况下，粮食价格提高就成为保障供给、平衡工农业利益的重要手段，这也是工业反哺农业的重要方式。从保障市场供应、促进农民增收、平衡城乡关系的角度看，在全社会物价总水平提高的同时，应当保持粮食价格水平的稳步提高。要坚持主要由市场供求来决定粮食价格，同时提高政府价格干预政策的前瞻性和稳定性，使粮食最低收购价与相关农资价格保持同步，真正成为粮食最低支撑价，确保农民种粮收益稳步提升。

（四）加大对农业科技的投入

农业科技要实现突破，首先要有高水平的技术研发，按照增产增效并重、良种良法配套、农机农艺结合、生产生态协调的原则，促进农业技术集成化、劳动过程机械化、生产经营信息化、安全环保法治化，加快构建适应高产、优质、高效、生态、安全农业发展要求的技术体系。要针对农业科技研发、推广和应用对农业科技人员、农民提出的更高能力要求，适时调整农业技术进步路线，加强农业科技人才队伍建设，培养新型职业农民，促进单位面积粮食产量的提升。

三、千方百计增加农民实际收入

破解"三农"问题，关键是要构建全体居民共享发展成果的体制机制，形成造福百姓、富裕农民的利益格局，重点是要拓展农民增收渠道，增加农民收入来源，提高财产性收入。"十三五"时期，富裕农民，必须充分挖掘农业内部增收潜力，开发农村二、三产业增收空间，拓宽农村外部增收渠道，加大政策助农增收力度，千方百计增加农民收入，努力在经济发展新常态下保持城乡居民收入差距持续缩小的势头。

新常态下农业和农村经济变化，对农民收入影响主要有以下几个方面：一是家庭收入保持平稳。土地流转和新型经营主体的发育将有利于家庭经营收入的增长。但随着经济增速的回落、农产品市场需求走弱，价格对农民收入的拉动作用减弱。受成本"地板"和价格"天花板"的双重挤压，农户务农种粮收益有限，比较效益较低的问题仍比较突出。二是工资性收入增幅趋缓。新常态下农民务工收入将受到一定影响，工资增长幅度将转小或部分下调。三是转移性收入增长面临挑战。2004～2017年，农村居民转移性收入从96.8元增加到2603.2元，占收入的比重从 3.7% 上升到 9.8%，对带动人均纯收入增速上升发挥了重要作用。但在新常态下，财政收入增速有所放缓，继续以直接补贴等形式增加农民的转移性收入面临较大压力。四是财产性收入增长潜力较大。近年来，受农村土地征收补偿水平提高、农民土地流转和房屋出租增多、参加入股投资分红人数增加等因素影响，农民财产性收入不断增长，已经成为农民收入特别是局部地区农民收入的重要增长源。从长远来看，随着农村产权市场不断完善，农民财产性收入还有很大的增长空间。

（一）优先保证农业农村投入

富裕农民，增加农民收入，一是必须明确政府对改善农业农村发展条件的责任。通过坚持把农业农村作为各级财政支出的优先保障领域，加快建立投入稳定增长机制，持续增加财政农业农村支出，中央基建投资继续向农业农村倾斜等途径，加大财政资金向农业农村的投入力度。二是优化财政支农支出结构，重点支持农民增收、农村重大改革、农业基础设施建设、农业结构调整、农业可持续发展、农村民生改善。三是积极转换投入方式，创新涉农资金运行机制，充分发挥财政资金的引导和杠杆作用。对涉农转移支付制度进行改革，下放审批权限，有效整合财政农业农村投入，理顺涉农资金发放体制机制。同时要切实加强涉农资金监管，建立规范透明的管理制度，杜绝任何形式的挤占挪用、层层截留、虚报冒领，确保资金使用见到实效。

（二）提高农业补贴政策效能

增加农民收入，必须健全国家对农业的支持保护体系。保持农业补贴政策连续性和稳定性，逐步扩大"绿箱"支持政策实施规模和范围，调整改进"黄箱"支持政策，充分发挥政策惠农增收效应。所谓"绿箱"和"黄箱"政策是指在 WTO 的政策框架下，农业补贴包括国内支持和出口补贴两部分。国内支持措施可分为两类，一类是不引起贸易扭曲的政策，叫"绿箱"政策，它是指政府执行某项农业计划时，其费用由纳税人负担而不是从消费者中转移而来，且对生产者没有影响的农业支持措施，这些政策都可以免于减让承诺。另一类是可以产生贸易扭曲的政策，叫"黄箱"政策，要求予以削减，用"支持总量"（AMS）来进行数量表示。国内支持减让承诺的政策范围包括：价格支持，营销贷款，面积补贴，牲畜数量补贴，种子、肥料、灌溉等投入补贴，某些有补贴的贷款计划等。此外，"十三五"期间，要继续实施种粮农民直接补贴、良种补贴、农机具购置补贴、农资综合补贴等政策。选择部分地方开展改革试点，提高补贴的导向性和效能。完善农机具购置补贴政策，向主产区和新型农业经营主体倾斜，扩大节水灌溉设备购置补贴范围。实施农业生产重大技术措施推广补助政策。实施粮油生产大县、粮食作物制种大县、生猪调出大县、牛羊养殖大县财政奖励补助政策。扩大现代农业示范区奖补范围。

（三）推进农村一二三产业融合发展

千方百计增加农民收入，必须延长农业产业链、提高农业附加值。立足资源优势，以市场需求为导向，大力发展特色种养业、农产品加工业、农村服务业，扶持发展一村一品、一乡（县）一业，壮大县域经济，带动农民就业致富。积极开发农业多种功能，挖掘乡村生态休闲、旅游观光、文化教育价值。扶持建设一批具有历史、地域、民族特点的特色景观旅游村镇，打造形式多样、特色鲜明的乡村旅游休闲产品。加大对乡村旅游休闲基础设施建设的投入，增强线上线下营销能力，提高管理水平和服务质量。研究制定促进乡村旅游休闲发展的用地、财政、金融等扶持政策，落实税收优惠政策。激活农村要素资源，增加农民财产性收入。

（四）拓宽农村外部增收渠道

千方百计增加农民收入，必须促进农民转移就业和创业。要实施农民工职业技能提升计划，落实同工同酬政策，依法保障农民工劳动报酬权益，建立农民工工资正常支付的长效机制。保障进城农民工及其随迁家属平等享受城镇基本公共服务，扩大城镇社会保险对农民工的覆盖面，开展好农民工职业病防治和帮扶行动，完善随迁子女在当地接受义务教育和参加中高考相关政策，探索农民工享受城镇保障性住房的具体办法。加快户籍制度改革，建立居住证制度，分类推进农业转移人口在城镇落户并享有与当地居民同等待遇。现阶段，不得将农民进城落户与退出土地承包经营权、宅基地使用权、集体收益分配权相挂钩。引导有技能、资金和管理经验的农民工返乡创业，落实定向减税和普遍性降费政策，降低创业成本和企业负担。优化中西部中小城市、小城镇产业发展环境，为农民就地就近转移就业创造条件，为增加农民收入提供基石。

四、深入推进社会主义新农村建设

中国要美，农村必须美。富裕农民，繁荣农村，必须坚持不懈推进社会主义新农村建设。2005 年 10 月，中国共产党十六届五中全会通过《十一五规划纲要建议》，提出要按照"生产发展、生活宽裕、乡风文明、村容整洁、管理民主"的要求，扎实推进社会主义新农村建设。"十三五"期间，我国社会主义新农村建设要积极顺应经济发展"新常态"，继续强化农业基础地位，促进农村持续增收，推动城乡发展一体化，为实现 2020 年全面建成小康社会的历史任务保驾护航。

生产发展，是新农村建设的中心环节，是实现其他目标的物质基础。建设社会主义新农村好比修建一幢大厦，经济就是这幢大厦的基础。如果基础不牢固，大厦就无从建起。如果经济不发展，再美好的蓝图也无法变成现实。生活宽裕，是新农村建设的目的，也是衡量我们工作的基本尺度。只有农民收入上去了，衣食住行改善了，生活水平提高了，新农村建设才能取得实实在在的成果。乡风文明，是农民素质的反映，体现农村精神文明建设的要求。只有农民群众的思想、文化、道德水平不断提高，崇尚文明、崇尚科学，形成家庭和睦、民风淳朴、互助合作、稳定和谐的良好社会氛围，教育、文化、卫生、体育事业蓬勃发展，新农村建设才是全面的、完整的。村容整洁，是展现农村新貌的窗口，是实现人与环境和谐发展的必然要求。社会主义新农村呈现在人们眼前的，应该是脏乱差状况从根本上得到治理、人居环境明显改善、农民安居乐业的景象。这是新农村建设最直观的体现。管理民主，是新农村建设的政治保证，显示了对农民群众政治权利的尊重和维护。只有进一步扩大农村基层民主，完善村民自治制度，真正让农民群众当家做主，才能调动农民群众的积极性，真正建设好社会主义新农村。

具体来讲，"十三五"期间深入推进社会主义新农村建设，需要重点抓好以下几个方面。

（一）加大农村基础设施建设力度

农村基础设施建设是社会主义新农村建设的短板所在，农村"脏、乱、差"的现象在很多地方都能看到。"十四五"期间，需要加快推进西部地区和集中连片特困地区农村公路建设，强化农村公路养护管理的资金投入和机制创新，切实加强农村客运和农村校车安全管理。积极完善农村沼气建管机制。加大农村危房改造力度，统筹搞好农房抗震改造。深入推进农村广播电视、通信等村村通工程，加快农村信息基础设施建设和宽带普及，推进信息进村入户。

（二）提升农村公共服务水平

"十四五"期间，需要全面改善农村义务教育薄弱学校基本办学条件，提高农村学校教学质量。因地制宜保留并办好村小学和教学点。支持乡村两级公办和普惠性民办幼儿园建设。加快发展高中阶段教育，以未能继续升学的初中、高中毕业生为重点，推进中等职业教育和职业技能培训全覆盖，逐步实现免费中等职业教育。积极发展农业职业教育，大力培养新型职业农民。全面推进基础教育数字教育资源开发与应用，扩大农村地区优质教育资源覆盖面。提高重点高校招收农村学生比例。加强乡村教师队伍建设，落实好集中连片特困地区乡村教师生活补助政策。国家教育经费要向边疆地区、民族地区、革命老区倾斜。建立新型农村合作医疗可持续筹资机制，同步提高人均财政补助和个人缴费标准，进一步提高实际报销水平。全面开展城乡居民大病保险，加强农村基层基本医疗、公共卫生能力和乡村医生队伍建设。推进各级定点医疗机构与省内新型农村合作医疗信息系统的互联互通，积极发展惠及农村的远程会诊系统。拓展重大文化惠民项目服务"三农"内容。加强农村最低生活保障制度规范管理，全面建立临时救助制度，改进农村社会救助工作。落实统一的城乡居民基本养老保险制度。支持建设多种农村养老服务和文化体育设施。整合利用现有设施场地和资源，构建农村基层综合公共服务平台。

（三）全面推进农村人居环境整治

"十四五"期间，需要积极完善县域村镇体系规划和村庄规划，强化规划的科学性和约束力。改善农民居住条件，搞好农村公共服务设施配套，推进山水林田路综合治理。继续支持农村环境集中连片整治，加快推进农村河塘综合整治，开展农村垃圾专项整治，加大农村污水处理和改厕力度，加快改善村庄卫生状况。加强农村周边工业"三废"排放和城市生活垃圾堆放监管治理。完善村级公益事业一事一议财政奖补机制，扩大农村公共服务运行维护机制试点范围，重点支持村内公益事业建设与管护。完善传统村落名录和开展传统民居调查，落实传统村落和民居保护规划。鼓励各地从实际出发开展美丽乡村创建示范。有序推进村庄整治，切实防止违背农民意愿大规模撤并村庄、大拆大建。

（四）引导和鼓励社会资本投向农村建设

加快推进社会主义新农村建设，单纯依靠现有的农村要素很难实现，"十四五"期间，应当积极鼓励社会资本投向农村基础设施建设和在农村兴办各类事业，促进农村资源的合理流动和优化配置。对于政府主导、财政支持的农村公益性工程和项目，可采取购买服务、政府与社会资本合作等方式，引导企业和社会组织参与建设、管护和运营。对于能够商业化运营的农村服务业，向社会资本全面开放。通过制定鼓励社会资本参与农村建设目录，研究制定财税、金融等支持政策，促进更多的城市优质资源流向农村。可以探索建立乡镇政府职能转移目录，将适合社会兴办的公共服务交由社会组织承担。

第七章　产业转型从中低端迈向中高端水平

党的十八大提出,"实施创新驱动发展战略","优化产业结构","推动战略性新兴产业、先进制造业健康发展,加快传统产业转型升级,推动服务业特别是现代服务业发展壮大,合理布局建设基础设施和基础产业"。要"建设下一代信息基础设施,发展现代信息技术产业体系"、"提高大中型企业核心竞争力,支持小微企业特别是科技型小微企业发展"。这深刻体现出产业竞争力的长期低下已经给我国经济社会发展造成重大影响,如果不尽快改变这种局面,必将给对"十四五"时期的经济布局产生重大威胁。

一、提升中国产业核心竞争力

"十四五"时期,是我国由工业化中期向工业化后期过渡的重要时期,是谋求由上中等收入国家向高收入国家迈进的攻坚时期,也是提升中国产业核心竞争力的关键时期,而产业结构的优化升级是打造国家经济实力的必由之路,因此,必须从战略上对中国产业核心竞争力的提升进行整体部署,构建系统的政策体系。

（一）提升产品在全球价值链中的地位

美国管理学家迈克尔·波特教授 1985 年在《竞争优势》中首次提出"价值链"概念，认为"企业的价值创造过程主要通过基本活动（含生产、销售、物流和服务等）和辅助性活动（含原材料采购、技术开发、人力资源管理等）两部分来完成"。这些活动在企业价值创造过程中是相互联系的，由此构成企业价值创造的行为链条，这一链条可称为"价值链"。一般来说，全球价值链可分为技术、生产、营销三大环节，每一个环节都有价值创造和利润分配。技术环节包括研发、创意设计、技术培训等环节；生产环节包括采购、系统生产、终端加工、测试、质量控制、包装和库存管理等分工环节；营销环节则包括销售后勤，批发及零售，品牌推广及售后服务等分工环节。当国际分工深化为增值过程在各国间的分工后，传统产业结构的国际梯度转移也就演变为增值环节的梯度转移，上述三个环节呈现由高向低再转向高的"U 形"。其实，产业结构调整并不是简单地调整各产业间的比例关系，而是应调整不同价值链区段的比例关系，不断从价值链低端向价值链中高端升级，这才是一国保持强大竞争力的关键所在。

（二）构建国家产业深化创新战略

当前，中国已经进入产业深化创新和产业结构升级具有同等重要地位的经济发展新时期，如何在新常态理念的引领下，制定国家产业深化创新战略，实现我国产业核心竞争力的有层次、有步骤、高效率的整体提升，是摆在我们面前的一项紧迫任务。发达国家经验表明，产业集群是推进产业深化创新、提升产业核心竞争力的重要组织形式。而且，美、日、欧盟等发达国家出台了大量旨在推进产业深化创新的产业集群政策。中国的产业集群政策是严重不足的，这是导致现有的东南沿海地区产业集群长期拘泥于大量加工组装环节，难以发展成为创新型产业集群，进而导致当前经济衰退的重要原因。而且，创新型产业集群的构造，将为彻底颠覆传统的分散型国家创新体系，打造新型国家创新体系奠定坚实的微观基础。

（三）实现 R&D 投入的跨越式提高

实现 R&D 投入的跨越式提高应该成为提高产业核心竞争力的重要方法，而 R&D 投入的滞后是我国产业深化创新乏力和产业核心竞争力滞后的重要根源。《2018 年全国科技经费投入统计公报》显示，2018年，全国共投入研究与试验发展（R&D）经费 19 677.9 亿元，比 2017年增加 2 071.8 亿元，增长 11.8%；研究与试验发展（R&D）经费投入强度（与国内生产总值之比）为 2.19%，比上年提高 0.04 个百分点。从分活动类型看，全国用于基础研究的经费为 1 090.4 亿元，比上年增长 11.3%；应用研究经费 2 190.9 亿元，增长 18.5%；试验发展经费16 396.7 亿元，增长 10.9%。基础研究、应用研究和试验发展经费占研究与试验发展（R&D）经费总量的比重分别为 5.5%、11.1% 和 83.3%。为了提高我国产业的核心竞争力，争取"十三五"期间"研究与试验发展经费支出占国内生产总值比重达到 2.5%。

（四）建立系统的产业深化创新基金体系

国家可通过建立产业深化创新基金，或者通过直接给予厂商技术创新活动资金支持，或者通过支持基础性技术创新活动，赋予厂商再次技术创新平台，降低厂商创新成本，激励厂商创新行为。当然，现阶段我国已经成立了一些创新基金，但总体而言，这些基金规模小、分散性强、辐射面小，带有明显的部门性和区域性特征，还没有形成支持产业深化创新的有效力量。因此，国家应建立产业深化创新基金体系，整合各类技术创新基金，打造产业深化创新的系统性、科学性资本支持力量。

二、加快建设制造强国

制造业是国民经济的主体，是产业转型升级的着力点，是立国之本、兴国之器、强国之基。18世纪中叶开启工业文明以来，世界强国的兴衰史和中华民族的奋斗史一再证明，没有强大的制造业，就没有国家和民族的强盛。与世界先进水平相比，我国制造业仍然大而不强，在自主创新能力、资源利用效率、产业结构水平、信息化程度、质量效益等方面差距明显。因此，在"十四五"期间，打造具有国际竞争力的制造业，是我国提升综合国力、保障国家安全、建设世界强国的必由之路。

纵观近现代世界历史，大国的兴起均始于制造业，当今世界强国都是制造业强国。工业是现代经济发展的支柱，工业强则国家强。着眼未来，中国要进入世界经济强国行列，首先要成为制造业强国。我国制造业的快速发展，带动了国内其他产业的创新和发展，在扩大就业、增加收入和改善人民生活等方面发挥了巨大作用，有力地推动了我国工业化和现代化进程。制造业已成为提升我国综合国力和参与全球竞争的战略基石。当然，打造制造业强国是一个系统工程，也是一场艰苦的攻坚战。"十四五"期间是打赢建设制程强国这场硬仗的关键时期，需要我们加快构建制造业转型升级新机制，以创新驱动发展，一步一个脚印地向工业现代化迈进。

（一）构建制造业创新发展新机制

创新能力不强是我国制造业大而不强的核心问题，必须把制造业发展转到更多依靠创新驱动上来。健全以市场为导向的产业创新体系，强化企业创新主体地位，建立产学研协同创新机制，促进制造技术、企业管理、商业模式等多元化创新。建立鼓励企业和其他社会力量深度参与国家科研任务的新机制，发挥国家重大科技专项引领作用，重点突破核心装备、系统软件、关键材料等一批重大技术，加快实施以基础材料、基础零部件、基础工艺和产业技术基础为内容的"工业强基工程"，不断提升制造业创新发展能力。健全技术成果转化机制，发展技术市场，加快形成制造企业、科研院所、金融资本共同构成的"多级火箭助推机制"，促进技术创新与产业发展良性互动。大力推进企业技术改造，形成激励企业运用新技术、新工艺、新材料、新装备的长效机制，促进制造业技术水平和产业层次不断提升。加强知识产权应用和保护，形成鼓励创新、宽容失败的社会氛围。

（二）构建制造业融合发展新机制

随着技术创新和产业变革，特别是信息技术的广泛应用，技术、产业、商业模式、社会需求等相互渗透、相互影响，成为新时期产业发展的新特征、新趋势。顺应信息化发展的时代潮流，按照十八大关于促进"四化同步"发展的要求，着力建立信息化和工业化深度融合机制，实施两化深度融合专项行动，建立健全企业两化融合管理体系，引导企业增强两化融合意识，深化信息技术集成应用，不断提升制造业信息化水平。顺应制造业与服务业融合发展趋势，推动制造业产业链各环节的专业化、服务化，大力发展工业设计、现代物流、互联网金融、电子商务等生产性服务业，调整优化产业结构。建立产业与城镇融合发展机制，加快新型工业化产业示范基地、工业园区建设，提高工业集聚程度和土地利用效益。继续重视劳动密集型制造业发展，争取吸纳更多的农村剩余劳动力，加快形成以工促农、以城带乡、工农互惠、城乡一体的新型工农城乡关系。

（三）构建制造业绿色发展新机制

绿色循环低碳发展已成为各国破解资源环境约束的普遍选择。"十四五"时期，我国要促进工业文明与生态文明协调发展，必须推动制造业走绿色发展新路。这是当前我国制造业转型升级的重要方向。要加快形成资源环境约束倒逼转型升级的机制，树立设计开发生态化、生产过程清洁化、资源利用高效化、环境影响最小化理念，推进节能降耗、减排治污，发展资源节约型、环境友好型制造业。充分发挥市场作用，落实企业主体责任，更多运用经济、法律、标准等手段，加强行政监督管理，不断完善基于绿色发展的激励和约束机制。探索能源合同管理、节能资源协议、高耗能产品能耗限额标准等新模式，加快形成制造业绿色发展的长效机制，增强制造业可持续发展能力。加大绿色低碳技术攻关，积极支持绿色低碳、节能环保设备和产品开发，通过试点示范推广应用先进适用技术，加快发展循环经济和再制造产业。

（四）构建促进中小企业健康发展新机制

非公有制经济与中小企业互为主体，特别是中小企业是经济发展活力的重要载体，是我国制造业转型升级的生力军。坚持"两个毫不动摇"，一方面要推动国有企业完善现代企业制度，加快垄断行业改革，另一方面要坚持把完善中小企业发展的制度和政策环境作为着力点，鼓励支持引导非公有制经济健康发展。落实支持中小企业发展的各项政策措施，保障中小企业发展的权利平等、机会平等、规则平等，实行统一的市场准入制度，消除限制民间投资的各种"玻璃门""弹簧门""旋转门"现象。完善促进中小企业"专精特新"发展机制，支持中小企业兼并重组，鼓励有条件的中小企业建立现代企业制度，鼓励中小企业参股国有资本项目，积极发展混合所有制经济。改善融资条件，完善风险投资机制，引导创新要素更多投向中小企业特别是科技型中小企业，建设一批中小企业创新平台，激发中小企业创新活力。完善中小企业服务体系，加强信用担保体系、公共服务示范平台等建设以及国际交流合作，鼓励和引导社会服务机构为中小企业提供优质服务。

（五）构建军民融合发展新机制

实践证明，在工业发展战略上坚持军民结合、寓军于民的方针，可以有效整合国防建设与经济建设资源，实现一种资源投入产生两种效益的"兼容型""双赢式"发展。推动在国家层面建立推动军民融合发展的统一领导、军地协调、需求对接、资源共享机制，建立更加完备的政策、规划、标准支撑体系，推动军民融合在新时期的又好又快发展。不断健全国防工业体系，完善国防科技协同创新机制，推动武器生产与民用产业融合发展，培育一批军民融合产业基地。加强军民融合公共服务平台建设，编制"军转民""民参军"产业发展目录，支持国防科技成果转化，加速军用和民用先进技术双向转移步伐。加强军民融合政策引导和支持，充分利用先进军用技术加快发展高端装备制造业、新一代信息技术产业等战略性新兴产业。积极引导优势民营企业进入军品生产和维修领域，形成上下游紧密结合的融合发展新格局。

（六）构建制造业开放发展新机制

经济全球化不可逆转，我国制造业必须以更加积极主动的开放姿态，融入全球产业分工，以开放促改革，倒逼制造业转型升级，加快培育参与和引领国际竞争的新优势。放宽投资准入，在制造业领域探索对外商投资实行准入前国民待遇加负面清单的管理模式，推动重点领域扩大对内对外开放，进一步放开一般制造业。围绕制造业转型升级目标和需求，调整优化制成品进出口结构，加大先进技术设备和紧缺原材料进口，积极吸收国际技术创新辐射和先进管理经验，促进加工贸易向微笑曲线两端延伸，打造一批世界级的制造品牌，提高"中国制造"全球影响力和竞争力。抓住全球产业重新布局机遇，引导有实力的制造业企业有序走出去，开展绿地投资、并购投资、联合投资等，在境外设立研发机构、生产制造基地和市场营销网络，在有条件的国家和地区建立境外工业园和境外经贸合作区，开展资源和价值链整合，增强国际化经营能力。贯彻落实自由贸易园（港）区、丝绸之路经济带、海上丝绸之路以及内陆地区等全方位开放新格局的战略部署，探索制造业开放发展新思路，进一步拓展我国制造业发展空间。

三、推进"互联网 +"行动计划

"互联网 +"是指把互联网的创新成果与经济社会各领域深度融合，推动技术进步、效率提升和组织变革，提升实体经济创新力和生产力，形成更广泛的以互联网为基础设施和创新要素的经济社会发展新形态。在全球新一轮科技革命和产业变革中，互联网与各领域的融合发展具有广阔前景和无限潜力，已成为不可阻挡的时代潮流，正对各国经济社会发展产生着战略性和全局性的影响。

"十四五"时期，深入推进"互联网 + 行动计划"，积极发挥我国互联网已经形成的比较优势，把握机遇，增强信心，加快推进"互联网 +"发展，有利于实现中国产业结构的转型升级，有利于重塑创新体系、激发创新活力、培育新兴业态和创新公共服务模式，对打造大众创业、万众创新和增加公共产品、公共服务"双引擎"，主动适应和引领经济发展新常态，形成经济发展新动能，实现中国经济提质增效升级具有重要意义。"十四五"期间，推动"互联网 +"行动计划将会集中于以下一些关键领域。

（一）"互联网 + 协同制造"

推动互联网与制造业融合，提升制造业数字化、网络化、智能化水平，加强产业链协作，发展基于互联网的协同制造新模式，是"十四五"时期实施"互联网 +"行动计划的重要方向。在重点领域推进智能制造、大规模个性化定制、网络化协同制造和服务型制造，打造一批网络化协同制造公共服务平台，形成制造业网络化产业生态体系。以智能工厂为发展方向，开展智能制造试点示范，推动云计算、物联网、智能工业机器人、增材制造等技术在生产过程中的应用，推进生产装备智能化升级、工艺流程改造和基础数据共享。在工控系统、智能感知元器件、工业云平台、操作系统和工业软件等核心环节取得突破，加强工业大数据的开发与利用，有效支撑制造业智能化转型，构建开放、共享、协作的智能制造产业生态。支持企业利用互联网采集并对接用户个性化需求，推进设计研发、生产制造和供应链管理等关键环节的柔性化改造，开展基于个性化产品的服务模式和商业模式创新。鼓励互联网企业整合市场信息，挖掘细分市场需求与发展趋势，为制造企业开展个性化定制提供决策支撑。

（二）"互联网 + 普惠金融"

普惠金融是指立足机会平等要求和商业可持续原则，以可负担的成本为有金融服务需求的社会各阶层和群体提供适当的、有效的金融服务，并确定农民、小微企业、城镇低收入人群和残疾人、老年人等其他特殊群体为普惠金融服务对象。由于互联网的普及，使得金融服务的交易成本大为降低，从而使得普惠金融成为可能。"十四五"时期，将促进互联网金融健康发展，全面提升互联网金融服务能力和普惠水平，鼓励互联网与银行、证券、保险、基金的融合创新，为大众提供丰富、安全、便捷的金融产品和服务，更好满足不同层次实体经济的投融资需求，培育一批具有行业影响力的互联网金融创新型企业。探索互联网企业构建互联网金融云服务平台，在保证技术成熟和业务安全的基础上，支持金融企业与云计算技术提供商合作开展金融公共云服务，提供多样化、个性化、精准化的金融产品。支持银行、证券、保险企业稳妥实施系统架构转型，鼓励探索利用云服务平台开展金融核心业务，提供基于金融云服务平台的信用、认证、接口等公共服务。鼓励各金融机构利用云计算、移动互联网、大数据等技术手段，加快金融产品和服务创新，在更广泛地区提供便利的存贷款、支付结算、信用中介平台等金融服务，拓宽普惠金融服务范围，为实体经济发展提供有效支撑。金融机构和互联网企业依法合规开展网络借贷、网络证券、网络保险、互联网基金销售等业务。扩大专业互联网保险公司试点，充分发挥保险业在防范互联网金融风险中的作用。金融集成电路卡（IC 卡）将会全面启动应用，提升电子现金的使用率和便捷性。发挥移动金融安全可信公共服务平台（MTPS）的作用，积极推动商业银行开展移动金融创新应用，促进移动金融在电子商务、公共服务等领域的规模应用。银行业金融机构借助互联网技术发展消费信贷业务，金融租赁公司利用互联网技术开展金融租赁业务等业务将会深入开展。

（三）"互联网＋电子商务"

电子商务与互联网有天然的"血缘关系"。"十四五"时期，需要进一步巩固和增强我国电子商务发展的领先优势，大力发展农村电商、行业电商和跨境电商，进一步扩大电子商务发展空间。电子商务与其他产业的融合正在不断深化，网络化生产、流通、消费更加普及，标准规范、公共服务等支撑环境基本完善。新型农业经营主体和农产品、农资批发市场对接电商平台将会大量涌现，以销定产模式将得到大面积推广。农村电子商务配送及综合服务网络将不断得到完善，农副产品标准化、物流标准化、冷链仓储建设等关键问题将会得到有效解决。生鲜农产品和农业生产资料电子商务试点，农业大宗商品电子商务等新的电子商务形态将得到支持发展。鼓励能源、化工、钢铁、电子、轻纺、医药等行业企业，积极利用电子商务平台优化采购、分销体系，提升企业经营效率。推动各类专业市场线上转型，引导传统商贸流通企业与电子商务企业整合资源，积极向供应链协同平台转型。鼓励生产制造企业面向个性化、定制化消费需求深化电子商务应用，支持设备制造企业利用电子商务平台开展融资租赁服务，鼓励中小微企业扩大电子商务应用。按照市场化、专业化方向，大力推广电子招标投标。鼓励企业利用电子商务平台的大数据资源，提升企业精准营销能力，激发市场消费需求。建立电子商务产品质量追溯机制，建设电子商务售后服务质量检测云平台，完善互联网质量信息公共服务体系，解决消费者维权难、退货难、产品责任追溯难等问题。加强互联网食品药品市场监测监管体系建设，积极探索处方药电子商务销售和监管模式创新。鼓励企业利用移动社交、新媒体等新渠道，发展社交电商、粉丝经济等网络营销新模式。

（四）"互联网＋人工智能"

依托互联网平台提供人工智能公共创新服务，加快人工智能核心技术突破，促进人工智能在智能家居、智能终端、智能汽车、机器人等领域的推广应用，培育若干引领全球人工智能发展的骨干企业和创新团队，形成创新活跃、开放合作、协同发展的产业生态。建设支撑超大规模深度学习的新型计算集群，构建包括语音、图像、视频、地图等数据的海量训练资源库，加强人工智能基础资源和公共服务等创新平台建设。进一步推进计算机视觉、智能语音处理、生物特征识别、自然语言理解、智能决策控制以及新型人机交互等关键技术的研发和产业化，推动人工智能在智能产品、工业制造等领域规模商用，为产业智能化升级夯实基础。鼓励传统家居企业与互联网企业开展集成创新，不断提升家居产品的智能化水平和服务能力，创造新的消费市场空间。推动汽车企业与互联网企业设立跨界交叉的创新平台，加快智能辅助驾驶、复杂环境感知、车载智能设备等技术产品的研发与应用。支持安防企业与互联网企业开展合作，发展和推广图像精准识别等大数据分析技术，提升安防产品的智能化服务水平。

推动互联网技术以及智能感知、模式识别、智能分析、智能控制等智能技术在机器人领域的深入应用，大力提升机器人产品在传感、交互、控制等方面的性能和智能化水平，提高核心竞争力。

四、做大做强战略性新兴产业

战略性新兴产业是以重大技术突破和重大发展需求为基础，对经济社会全局和长远发展具有重大引领带动作用，知识技术密集、物质资源消耗少、成长潜力大、综合效益好的产业。将战略性新兴产业做大做强，既是推动产业转型，提高我国产业国际竞争力的关键一招，也是推进我国现代化建设的战略举措。发展战略性新兴产业已成为世界主要国家抢占新一轮经济和科技发展制高点的重大战略。我国正处在全面建设小康社会的关键时期，必须按照科学发展观的要求，抓住机遇，明确方向，突出重点，加快培育和发展战略性新兴产业。

加快培育和发展战略性新兴产业是全面建设小康社会、实现可持续发展的必然选择。我国人口众多、人均资源少、生态环境脆弱，又处在工业化、城镇化快速发展时期，面临改善民生的艰巨任务和资源环境的巨大压力。要全面建设小康社会、实现可持续发展，必须大力发展战略性新兴产业，加快形成新的经济增长点，创造更多的就业岗位，更好地满足人民群众日益增长的物质文化需求，促进资源节约型和环境友好型社会建设。同时，加快培育和发展战略性新兴产业是推进产业结构升级、加快经济发展方式转变的重大举措。战略性新兴产业以创新为主要驱动力，辐射带动力强，加快培育和发展战略性新兴产业，有利于加快经济发展方式转变，有利于提升产业层次、推动传统产业升级、高起点建设现代产业体系，体现了调整优化产业结构的根本要求。

我国加快培育和发展战略性新兴产业具备诸多有利条件，也面临严峻挑战。经过改革开放40多年的快速发展，我国综合国力明显增强，科技水平不断提高，建立了较为完备的产业体系，特别是高技术产业快速发展，规模跻身世界前列，为战略性新兴产业加快发展奠定了较好的基础。同时，也面临着企业技术创新能力不强，掌握的关键核心技术少，有利于新技术新产品进入市场的政策法规体系不健全，支持创新创业的投融资和财税政策、体制机制不完善等突出问题。必须充分认识加快培育和发展战略性新兴产业的重大意义，进一步增强紧迫感和责任感，抓住历史机遇，加大工作力度，加快培育和发展战略性新兴产业。

到"十四五"末，战略性新兴产业增加值占国内生产总值的比重力争达到25%左右，吸纳、带动就业能力显著提高。节能环保、新一代信息技术、生物、高端装备制造产业成为国民经济的支柱产业，新能源、新材料、新能源汽车产业成为国民经济的先导产业；创新能力大幅提升，掌握一批关键核心技术，在局部领域达到世界领先水平；形成一批具有国际影响力的大企业和一批创新活力旺盛的中小企业；建成一批产业链完善、创新能力强、特色鲜明的战略性新兴产业集聚区。

（一）强化科技创新

增强自主创新能力是培育和发展战略性新兴产业的中心环节，必须完善以企业为主体、市场为导向、产学研相结合的技术创新体系，发挥国家科技重大专项的核心引领作用，结合实施产业发展规划，突破关键核心技术，加强创新成果产业化，提升产业核心竞争力。围绕经济社会发展重大需求，结合国家科技计划、知识创新工程和自然科学基金项目等的实施，集中力量突破一批支撑战略性新兴产业发展的关键共性技术。在生物、信息、空天、海洋、地球深部等基础性、前沿性技术领域超前部署，加强交叉领域的技术和产品研发，提高基础技术研究水平。加大企业研究开发的投入力度，对面向应用、具有明确市场前景的政府科技计划项目，建立由骨干企业牵头组织、科研机构和高校共同参与实施的有效机制。依托骨干企业，围绕关键核心技术的研发和系统集成，支持建设若干具有世界先进水平的工程化平台，结合技术创新工程的实施，发展一批由企业主导，科研机构、高校积极参与的产业技术创新联盟。加强财税政策引导，激励企业增加研发投入。加强产业集聚区公共技术服务平台建设，促进中小企业创新发展。

（二）营造良好市场环境

充分发挥市场在资源配置中的决定性作用，充分调动企业积极性，加强基础设施建设，积极培育市场，规范市场秩序，为各类企业健康发展创造公平、良好的环境。坚持以应用促发展，围绕提高人民群众健康水平、缓解环境资源制约等紧迫需求，选择处于产业化初期、社会效益显著、市场机制难以有效发挥作用的重大技术和产品，统筹衔接现有试验示范工程，组织实施全民健康、绿色发展、智能制造、材料换代、信息惠民等重大应用示范工程，引导消费模式转变，培育市场，拉动产业发展。鼓励绿色消费、循环消费、信息消费，创新消费模式，促进消费结构升级。扩大终端用能产品能效标识实施范围。加强新能源并网及储能、支线航空与通用航空、新能源汽车等领域的市场配套基础设施建设。在物联网、节能环保服务、新能源应用、信息服务、新能源汽车推广等领域，支持企业大力发展有利于扩大市场需求的专业服务、增值服务等新业态。积极推行合同能源管理、现代废旧商品回收利用等新型商业模式。加快建立有利于战略性新兴产业发展的行业标准和重要产品技术标准体系，优化市场准入的审批管理程序。进一步健全药品注册管理的体制机制，完善药品集中采购制度，支持临床必需、疗效确切、安全性高、价格合理的创新药物优先进入医保目录。完善新能源汽车的项目和产品准入标准。改善转基因农产品的管理。完善并严格执行节能环保法规标准。

（三）提高国际化发展水平

通过深化国际合作，尽快掌握关键核心技术，提升我国自主发展能力与核心竞争力。把握经济全球化的新特点，深度开展国际合作与交流，积极探索合作新模式，在更高层次上参与国际合作。发挥各种合作机制的作用，多层次、多渠道、多方式推进国际科技合作与交流。鼓励境外企业和科研机构在我国设立研发机构，支持符合条件的外商投资企业与内资企业、研究机构合作申请国家科研项目。支持我国企业和研发机构积极开展全球研发服务外包，在境外开展联合研发和设立研发机构，在国外申请专利。鼓励我国企业和研发机构参与国际标准的制定，鼓励外商投资企业参与我国技术示范应用项目，共同形成国际标准。完善外商投资产业指导目录，鼓励外商设立创业投资企业，引导外资投向战略性新兴产业。支持有条件的企业开展境外投资，在境外以发行股票和债券等多种方式融资。扩大企业境外投资自主权，改进审批程序，进一步加大对企业境外投资的外汇支持。积极探索在海外建设科技和产业园区。制定国别产业导向目录，为企业开展跨国投资提供指导。

（四）完善财税金融政策扶持力度

在整合现有政策资源和资金渠道的基础上，设立战略性新兴产业发展专项资金，建立稳定的财政投入增长机制，增加中央财政投入，创新支持方式，着力支持重大关键技术研发、重大产业创新发展工程、重大创新成果产业化、重大应用示范工程、创新能力建设等。加大政府引导和支持力度，加快高效节能产品、环境标志产品和资源循环利用产品等推广应用。加强财政政策绩效考评，创新财政资金管理机制，提高资金使用效率。在全面落实现行各项促进科技投入和科技成果转化、支持高技术产业发展等方面的税收政策的基础上，结合税制改革方向和税种特征，针对战略性新兴产业的特点，研究完善鼓励创新、引导投资和消费的税收支持政策。引导金融机构建立适应战略性新兴产业特点的信贷管理和贷款评审制度。积极推进知识产权质押融资、产业链融资等金融产品创新。加快建立包括财政出资和社会资金投入在内的多层次担保体系。积极发展中小金融机构和新型金融服务。综合运用风险补偿等财政优惠政策，促进金融机构加大支持战略性新兴产业发展的力度。进一步完善创业板市场制度，支持符合条件的企业上市融资。推进场外证券交易市场的建设，满足处于不同发展阶段创业企业的需求。完善不同层次市场之间的转板机制，逐步实现各层次市场间有机衔接。大力发展债券市场，扩大中小企业集合债券和集合票据发行规模，积极探索开发低信用等级高收益债券和私募可转债等金融产品，稳步推进企业债券、公司债券、短期融资券和中期票据发展，拓宽企业债务融资渠道。大力发展创业投资和股权投资基金。建立和完善促进创业投资和股权投资行业健康发展的配套政策体系与监管体系。在风险可控的范围内为保险公司、社保基金、企业年金管理机构和其他机构投资者参与新兴产业创业投资和股权投资基金创造条件。发挥政府新兴产业创业投资资金的引导作用，扩大政府新兴产业创业投资规模，充分运用市场机制，带动社会资金投向战略性新兴产业中处于创业早中期阶段的创新型企业。鼓励民间资本投资战略性新兴产业。

（五）推进体制机制创新

加快发展战略性新兴产业，是我国"十四五"时期经济社会发展的重大战略任务，必须大力推进改革创新，加强组织领导和统筹协调，为战略性新兴产业发展提供动力和条件。建立健全创新药物、新能源、资源性产品价格形成机制和税费调节机制。实施新能源配额制，落实新能源发电全额保障性收购制度。加快建立生产者责任延伸制度，建立和完善主要污染物和碳排放交易制度。建立促进三网融合高效有序开展的政策和机制，深化电力体制改革，加快推进空域管理体制改革。组织编制国家战略性新兴产业发展规划和相关专项规划，制定战略性新兴产业发展指导目录，开展战略性新兴产业统计监测调查，加强与相关规划和政策的衔接。加强对全国各地发展战略性新兴产业的引导，优化区域布局、发挥比较优势，形成各具特色、优势互补、结构合理的战略性新兴产业协调发展格局。

第八章 结构升级大力发展现代服务业

当前，在扩大内需、拓展国际市场中，要把大力发展服务业作为重要内容，通过提升服务业比重和水平，促进经济结构不断优化和发展方式加快转变。服务业是扩大内需的最大产业潜力所在，是科技创新重要的驱动力量，代表着我国产业结构调整的重点方向。从国际形势看，世界各国经济结构正进行着新一轮调整，传统的工业型经济结构正迅速向服务型经济转变，全球化进程正持续推动现代服务业加快发展。在这种背景下，"十四五"时期，要实现我国经济持续稳定增长，在全球化进程中赢得主动，就必须顺应这种发展趋势，加快推进服务业的大发展。

据统计，当前，从全球经济看，服务业占世界经济的比重已接近70%，服务贸易占世界贸易总额的20%以上，服务领域跨国投资占全球跨国投资的近三分之二。伴随经济全球化深入发展和产业结构深刻调整，新兴服务业和服务贸易蓬勃发展，成为推动世界经济和贸易增长的重要动力。因此，加快发展服务业尤其是现代服务业，是"十三五"时期经济大布局的重要"棋子"。

一、大力优化服务业发展结构

无论是改造提升传统产业，还是发展战略性新兴产业，都离不开生产性服务业的提升。"十四五"时期,要以人为本,关注民生,大力发展生活性服务业,满足人民群众提高生活水平的新期待。要适应新型工业化和居民消费结构升级的新形势,重点发展现代服务业,规范提升传统服务业,充分发挥服务业吸纳就业的作用,优化行业结构,提升技术结构,改善组织结构,全面提高服务业发展水平。

（一）大力发展面向生产的服务业

细化深化专业分工,鼓励生产制造企业改造现有业务流程,推进业务外包,加强核心竞争力,同时加快从生产加工环节向自主研发、品牌营销等服务环节延伸,降低资源消耗,提高产品的附加值。优先发展运输业,提升物流的专业化、社会化服务水平,大力发展第三方物流。积极发展信息服务业,加快发展软件业,坚持以信息化带动工业化,完善信息基础设施,继续推进"三网"融合,发展增值和互联网业务,推进电子商务和电子政务;有序发展金融服务业,健全金融市场体系,加快产品、服务和管理创新;大力发展科技服务业,充分发挥科技对服务业发展的支撑和引领作用,鼓励发展专业化的科技研发、技术推广、工业设计和节能服务业;规范发展法律咨询、会计审计、工程咨询、认证认可、信用评估、广告会展等商务服务业;提升改造商贸流通业,推广连锁经营、特许经营等现代经营方式和新型业态。通过发展服务业实现物尽其用、货畅其流、人尽其才,降低社会交易成本,提高资源配置效率,加快走上新型工业化发展道路。

（二）大力发展生活性服务业

服务业是今后我国扩大就业的主要渠道,要着重发展就业容量大的服务业,鼓励其他服务业更多吸纳就业,充分挖掘服务业安置就业的巨大潜力。围绕城镇化和人口老龄化的要求,大力发展市政公用事业、房地产和物业服务、社区服务、家政服务和社会化养老等服务业。围绕构建和谐社会的要求，大力发展教育、医疗卫生、新闻出版、邮政、电信、广播影视等服务事业，以农村和欠发达地区为重点，加强公共服务体系建设，优化城乡区域服务业结构，逐步实现公共服务的均等化。围绕小康社会建设目标和消费结构转型升级的要求，大力发展旅游、文化、体育和休闲娱乐等服务业，优化服务消费结构，丰富人民群众精神文化生活。

（三）大力培育服务业市场主体

促进服务业的发展繁荣，需要千千万万个市场主体。"十四五"时期，需要进一步鼓励服务业企业增强自主创新能力，通过技术进步提高整体素质和竞争力，不断进行管理创新、服务创新、产品创新。依托有竞争力的企业，通过兼并、联合、重组、上市等方式，促进规模化、品牌化、网络化经营，形成一批拥有自主知识产权和知名品牌、具有较强竞争力的大型服务企业或企业集团。鼓励和引导非公有制经济发展服务业，积极扶持中小服务企业发展，发挥其在自主创业、吸纳就业等方面的优势。

二、科学调整服务业发展布局

"十三五"期间，我国服务业规模稳步扩大，结构和质量得到改善。但是，在服务业发展中还存在不容忽视的问题，特别是一些地方过于看重发展工业尤其是重工业，对发展服务业重视不够。因此，在实现普遍服务和满足基本需求的前提下，依托比较优势和区域经济发展的实际，科学合理规划，形成充满活力、适应市场、各具特色、优势互补的服务业发展格局。

（一）提高服务业的质量和水平

直辖市、计划单列市、省会城市和其他有条件的大中城市需要加快形成以服务经济为主的产业结构。发达地区特别是珠江三角洲、长江三角洲、环渤海地区，要依托工业化进程较快、居民收入和消费水平较高的优势，大力发展现代服务业，促进服务业升级换代，提高服务业质量，推动经济增长主要由服务业增长带动。中西部地区要改变只有工业发展后才能发展服务业的观念，积极发展具有比较优势的服务业和传统服务业，承接东部地区转移产业，使服务业发展尽快上一个新台阶，不断提高服务业对经济增长的贡献率。

（二）培育国家和区域服务业中心

各个地区需要按照国家规划、城镇化发展趋势和工业布局，引导交通、信息、研发、设计、商务服务等辐射集聚效应较强的服务行业，依托城市群、中心城市，培育形成主体功能突出的国家和区域服务业中心。进一步完善铁路、公路、民航、水运等交通基础设施，优先发展城市公共交通，形成便捷、通畅、高效、安全的综合运输体系，加快建设上海、天津、大连等国际航运中心和主要港口。加强交通运输枢纽建设和集疏运的衔接配套，在经济发达地区和交通枢纽城市强化物流基础设施整合，形成区域性物流中心。选择辐射功能强、服务范围广的特大城市和大城市建立国家或区域性金融中心。依托产业集聚规模大、装备水平高、科研实力强的地区，加快培育建成功能互补、支撑作用大的研发设计、财务管理、信息咨询等公共服务平台，充分发挥国家软件产业基地的作用，建设一批工业设计、研发服务中心，不断形成带动能力强、辐射范围广的新增长极。

（三）促进服务业资源整合

立足于用好现有服务资源，打破行政分割和地区封锁，充分发挥市场机制的作用，鼓励部门之间、地区之间、区域之间开展多种形式的合作，促进服务业资源整合，发挥组合优势，深化分工合作，在更大范围、更广领域、更高层次上实现资源优化配置。允许社会资本参与应用型技术研发服务机构市场化改革，允许应用型技术研发机构在市场化改革中实行股份制，在股份制改造过程中，可以以技术评估作价入股，对主要管理人员和科技人员可实行期权等长期激励措施。科技人员集体或个人买断国有应用型技术研发机构的资产，以评估确认的价格为底价。

三、积极发展农村服务产业

真正的现代农业绝不是传统的第一产业概念，而是以现代服务业引领的第一、第二、第三产业的有机结合体。现代农业的本质特征是科技农业，是以科技等现代生产要素的综合投入为基础，以现代物质条件、工业化生产手段和先进科学技术为支撑，以社会化的服务体系相配套，用现代经营方式和组织形式进行管理的"大农业"，贯穿了第一、二、三产业"十三五"时期，需要贯彻统筹城乡发展的基本方略，大力发展面向农村的服务业，不断繁荣农村经济，增加农民收入，提高农民生活水平，为发展现代农业、扎实推进社会主义新农村建设服务。

（一）围绕农业生产的产前、产中、产后服务，加快构建和完善以生产销售服务、科技服务、信息服务和金融服务为主体的农村社会化服务体系

加大对农业产业化的扶持力度，积极开展种子统供、重大病虫害

统防统治等生产性服务。完善农副产品流通体系，发展各类流通中介组织，培育一批大型涉农商贸企业集团，切实解决农副产品销售难的问题。

（二）加强农业科技体系建设，健全农业技术推广、农产品检测与认证、动物防疫和植物保护等农业技术支持体系，推进农业科技创新，加快实施科技入户工程

加快农业信息服务体系建设，逐步形成联结国内外市场、覆盖生产和消费的信息网络。加强农村金融体系建设，充分发挥农村商业金融、合作金融、政策性金融和其他金融组织的作用，发展多渠道、多形式的农业保险，增强对"三农"的金融服务。加快农机社会化服务体系建设，推进农机服务市场化、专业化、产业化。大力发展各类农民专业合作组织，支持其开展市场营销、信息服务、技术培训、农产品加工储藏和农资采购经营。

（三）改善农村基础条件，加快发展农村生活服务业，提高农民生活质量

推进农村水利、交通、渔港、邮政、电信、电力、广播影视、医疗卫生、计划生育和教育等基础设施建设，加快实施农村饮水安全工程，大力发展农村沼气，推进生物质能、太阳能和风能等可再生能源开发利用，改善农民生产生活条件。大力发展园艺业、特种养殖业、乡村旅游业等特色产业，鼓励发展劳务经济，增加农民收入。积极推进农村社区建设，加快发展农村文化、医疗卫生、社会保障、计划生育等事业，实施农民体育健身工程，扩大出版物、广播影视在农村的覆盖面，提高公共服务均等化水平，丰富农民物质文化生活。加强农村基础教育、职业教育和继续教育，搞好农民和农民工培训，提高农民素质，结合城镇化

建设，积极推进农村富余劳动力实现转移就业。

四、加快推进服务领域改革

"十四五"时期，中国将把发展服务业作为打造经济"升级版"的战略举措，作为推进"新四化"的重要方面，作为释放"改革红利"的重要突破口，以市场化、产业化、国际化为取向，坚持生产性服务业和生活性服务业并举，坚持现代服务业和传统服务业并举，促进服务业发展提速、比重提高、水平提升，加大对服务业发展的政策支持力度和对外开放深度。

（一）深化行业改革

深化电信、铁路、民航等服务行业改革，放宽市场准入，引入竞争机制，推进国有资产重组，实现投资主体多元化。积极推进国有服务企业改革，对竞争性领域的国有服务企业实行股份制改造，建立现代企业制度，促使其成为真正的市场竞争主体。明确教育、文化、广播电视、社会保障、医疗卫生、体育等社会事业的公共服务职能和公益性质，对能够实行市场经营的服务，要动员社会力量增加市场供给。按照政企分开、政事分开、事业企业分开、营利性机构与非营利性机构分开的原则，加快事业单位改革，将营利性事业单位改制为企业，并尽快建立现代企业制度。继续推进政府机关和企事业单位的后勤服务、配套服务改革，推动由内部自我服务为主向主要由社会提供服务转变。

（二）建立准入制度

"十四五"时期，要加快建立公开、平等、规范的服务业准入制度，鼓励社会资金投入服务业，大力发展非公有制服务企业，提高非公有制经济在服务业中的比重。凡是法律法规没有明令禁入的服务领域，都要向社会资本开放；凡是向外资开放的领域，都要向内资开放。进一步打破市场分割和地区封锁，推进全国统一开放、竞争有序的市场体系建设，各地区凡是对本地企业开放的服务业领域，应全部向外地企业开放。

（三）拓宽投融资渠道

国家财政预算安排资金，重点支持服务业关键领域、薄弱环节发展和提高自主创新能力。积极调整政府投资结构，国家继续安排服务业发展引导资金，逐步扩大规模，引导社会资金加大对服务业的投入。地方政府也要相应安排资金，支持服务业发展。引导和鼓励金融机构对符合国家产业政策的服务企业予以信贷支持，在控制风险的前提下，加快开发适应服务企业需要的金融产品。积极支持符合条件的服务企业进入境内外资本市场融资，通过股票上市、发行企业债券等多渠道筹措资金。鼓励各类创业风险投资机构和信用担保机构对发展前景好、吸纳就业多，以及运用新技术、新业态的中小服务企业开展业务。

（四）推进服务领域对外开放

按照加入世贸组织开放服务贸易领域的各项承诺，鼓励外商投资服务业。正确处理好服务业开放与培育壮大国内产业的关系，完善服务业吸收外资法律法规，通过引入国外先进经验和完善企业治理结构，培育一批具有国际竞争力的服务企业。加强金融市场基础性制度建设，增强银行、证券、保险等行业的抗风险能力，维护国家金融安全。把承接国际服务外包作为扩大服务贸易的重点，发挥我国人力资源丰富的优势，积极承接信息管理、数据处理、财会核算、技术研发、工业设计等国际服务外包业务。具备条件的沿海地区和城市要根据自身优势，研究制定鼓励承接服务外包的扶持政策，加快培育一批具备国际资质的服务外包企业，形成一批外包产业基地。建立支持国内企业"走出去"的服务平台，提供市场调研、法律咨询、信息、金融和管理等服务。扶持出口导向型服务企业发展，发展壮大国际运输，继续大力发展旅游、对外承包工程和劳务输出等具有比较优势的服务贸易，积极参与国际竞争，扩大互利合作和共同发展。

第九章　区域发展奋力打造"三个支撑带"

我国是一个发展中的大国，区域发展不平衡既是面临的突出问题，又是发展的潜力和空间所在。广大的东部沿海地区，再加上辽阔的中西部内陆腹地，提供了我国经济发展巨大的回旋余地。"十三五"时期，深入统筹"四大板块"和"三个支撑带"战略组合，同时坚持陆海统筹，推进海洋强国战略，这是我国区域发展新的重大布局，有利于拓展发展新空间，形成我国持续发展的战略支撑和基本格局。

一、推进"一带一路"愿景与行动

2013 年 9 月和 10 月，习近平在访问哈萨克斯坦和印度尼西亚时，分别提出了共同建设"丝绸之路经济带"和"21 世纪海上丝绸之路"（简称"一带一路"）的倡议。2015 年 3 月 28 日，习近平在博鳌亚洲论坛2015 年年会开幕式主旨演讲中提出，"一带一路"建设秉持的是共商、共建、共享原则，欢迎沿线国家和亚洲国家积极参与，也张开臂膀欢迎五大洲朋友共襄盛举。同日，国家发改委、外交部、商务部联合发布了《推动共建丝绸之路经济带和 21 世纪海上丝绸之路的愿景与行动》，确立了"一带一路"建设的发展愿景和行动指南，标志着"一带一路"已经进入了全面推进的新阶段。

"一带一路"建设是一项系统工程，"共商、共建、共享"是"一带一路"建设秉持的基本原则，打造"政治互信、经济融合、文化包容的利益共同体、命运共同体和责任共同体"则是我们最终所要实现的发展目标，而要实现这一目标，关键就是要看"政策沟通、设施联通、贸易畅通、资金融通、民心相通"能否真正落到实处。

（一）政策沟通

"一带一路"建设不是封闭的而是开放包容的，不是中国一家的独奏而是沿线国家的合唱，不是要替代现有地区合作机制和倡议，而是要在已有基础上，推动沿线国家实现发展战略相互对接、优势互补。要做好"政策沟通"，就要做好两个方面的工作，首先是要做好沿线国家发展战略的相互对接，"一带一路"合作倡议要得到沿线国家的认可和响应，关键在于"一带一路"与沿线国家的经济发展需要相契合，这就要求我们加强政府间合作，与沿线各国就经济发展战略和对策进行充分交流对接，共同制定推进区域合作的规划和措施，使各国的互利合作迈向新的历史高度。其次是要利用好上海合作组织、中国—东盟"10+1"、亚太经合组织（APEC）等现有的各种双边、多边合作机制推动区域合作，建立完善双边联合工作机制，对"一带一路"建设的实施方案、行动路线图进行研究探讨，通过签署合作备忘录、合作规划以及建设双边合作示范模式等方式协调推动合作项目实施。

（二）设施联通

基础设施互联互通是"一带一路"建设的优先领域。主要应该做好以下三方面的工作：一是加强交通基础设施建设，提高道路通达能力，加强口岸、港口、航空基础设施建设，促进国际通关、换装、多式联运有机衔接，建立统一的全程运输协调机制，实现国际运输便利化。

二是加强能源基础设施的互联互通合作，加强能源运输大通道建设，沿线国家共同维护输油、输气管道等运输通道安全，另外要推进跨境电力与输电通道建设，积极开展区域电网升级改造合作。三是要主动适应信息化发展潮流，加快推进双边跨境光缆、洲际海底光缆、空中（卫星）信息等项目的规划和建设，提高国际通信互联互通水平，畅通信息丝绸之路。

（三）贸易畅通

在推进"一带一路"愿景与行动中，要坚持引进来和走出去相结合，完善对外投资体制和政策，激发企业对外投资潜力，勇于并善于在全球范围内配置资源、开拓市场，"一带一路"建设过程中应做好以下几方面的工作：一是提高贸易自由化便利化水平，通过改善通关设施条件以及加强海关在信息互换、监管互认、执法互助等方面的合作降低通关成本、提高通关能力；通过检验检疫、认证认可以及"经认证的经营者"（AEO）互认等推进跨境监管程序协调。二是加快投资便利化进程，加强农产品深加工、海洋资源开发合作、传统能源资源勘探开发、清洁能源和再生资源加工转化等方面的投资合作。三是加强贸易和投资合作机制，推动建立创业投资合作机制，加强在信息技术、新能源、新材料等新兴产业的交流合作，实现优势互补、互利共赢。

（四）资金融通

积极推动构建地区金融合作体系，推动亚洲基础设施投资银行同亚洲开发银行、世界银行等多边金融机构互补共进、协调发展，建设地区金融安全网。"一带一路"建设过程中，也要将精神贯彻其中，一是要推进亚洲货币稳定体系、投融资体系和信用体系建设，通过扩大沿线国家双边本币互换结算的范围和规模、推进亚洲基础设施投资银行、金砖国家开发银行、丝路基金等的筹建运营，深化沿线国家的金融合作，特别是要通过银团贷款、银行授信、沿线国家政府和企业在境内外发行人民币债券和外币债券等方式推动"一带一路"沿线国家债券市场的开放和发展。二是建立高效的金融监管协调机制，通过签署双边监管合作谅解备忘录、加强征信管理部门以及征信机构、评级机构之间的交流合作等方式强化跨境风险和危机处置的交流合作，逐步构建起区域性的金融风险预警系统。

（五）民心相通

"国之交在于民相亲"，"一带一路"合作倡议要落地开花、取得实实在在的成效，必须具有坚实民意基础和社会基础。从国家层面看，要充分发挥好政党、议会交往的桥梁作用，加强立法机构、主要政党、政治组织、友好城市以及国家智库间的沟通交流；要在医疗援助和应急医疗救助、科技合作和科技人员交流、社会保障管理服务和公共行政管理等方面加强务实合作。从民间交流层面看，要充分发挥公益组织、慈善机构在教育医疗、减贫开发、生态环保等领域的积极作用，让基层民众深切感受到"一带一路"建设对自身生产生活状况的改善；要通过网络平台、新媒体等工具加强文化传媒的国际交流和合作，为"一带一路"建设发展营造和谐友好的文化生态和舆论环境。

"一带一路"既是我国加强与沿线国家经济文化交流的合作倡议，也是全方位对外开放的行动号角。对于我国的对外开放，"要树立战略思维和全球视野，站在国内国际两个大局相互联系的高度，审视我国和世界的发展，把我国对外开放事业不断推向前进"。

此外，《推动共建丝绸之路经济带和 21 世纪海上丝绸之路的愿景与行动》将"中国各地方开放态势"作为单独一部分予以讨论，明确提出了"充分发挥国内各地区比较优势，实行更加积极主动的开放战略，加强东中西互动合作，全面提升开放型经济水平"的总体部署要求，其最主要特点，就是将"一带一路"国内区域划分为西北、东北地区，西南地区，沿海和港澳台地区以及内陆地区五部分，分别进行产业规划和功能定位，将跨区域的错位开放作为了"一带一路"国内区域开放合作的最主要形式。值得注意的是，"一带一路"中的"地方开放"是全国范围内的"全域开放"，一是从大的地理分区上看，"一带一路"是包括东北、西北、西南以及沿海、内陆等全部的国土区域的对外开放；二是从具体的省区范围看，虽然《愿景与行动》中明确指明的有18个省市，但"一带一路"建设并不局限于这些省市范围，各省市根据"一带一路"总体蓝图，立足自身特点、优势主动与"一带一路"契合、衔接，指定具体可行的实施方案，并不存在哪个省缺席的问题，从这个意义上讲，"一带一路"建设是我国新时期全方位对外开放格局的具体体现。

二、积极推动京津冀协同发展

2015年4月30日，中央政治局会议提出："推动京津冀协同发展是一个重大国家战略。战略的核心是有序疏解北京非首都功能，调整经济结构和空间结构，走出一条内涵集约发展的新路子，探索出一种人口经济密集地区优化开发的模式，促进区域协调发展，形成新增长极。"中央成立了京津冀协同发展领导小组和专家咨询委员会，编制规划和制定政策。2015年4月，《京津冀协同发展规划纲要》已获中央政治局审议通过，6月，中共中央、国务院印发了该纲要。京津冀三地都作了认真地传达，相应的落实措施也在紧锣密鼓的推进中。

"十四五"时期京津冀如何协同发展？总体要求是：立足各自比较优势、立足现代产业分工要求、立足区域优势互补原则、立足合作共赢理念，以京津冀城市群建设为载体、以优化区域分工和产业布局为重点、以资源要素空间统筹规划利用为主线、以构建长效体制机制为抓手，从广度和深度上加快发展。推进京津双城联动发展，要加快破解双城联动发展存在的体制机制障碍，按照优势互补、互利共赢、区域一体原则，以区域基础设施一体化和大气污染联防联控作为优先领域，以产业结构优化升级和实现创新驱动发展作为合作重点，把合作发展的功夫主要下在联动上，努力实现优势互补、良性互动、共赢发展。

（一）加强顶层设计

功能定位方面，要打造以首都为核心世界级城市群。未来京津冀三省市定位分别为——北京市："全国政治中心、文化中心、国际交往中心、科技创新中心"。天津市："全国先进制造研发基地、北方国际航运核心区、金融创新运营示范区、改革开放先行区"。河北省："全国现代商贸物流重要基地、产业转型升级试验区、新型城镇化与城乡统筹示范区、京津冀生态环境支撑区"。空间布局方面，首要任务是解决北京"大城市病"。要把有序疏解非首都功能、优化提升首都核心功能、解决北京"大城市病"问题作为京津冀协同发展的首要任务。

（二）深化产业合作

自觉打破自家"一亩三分地"的思维定式，抱成团朝着顶层设计的目标一起做，充分发挥环渤海地区经济合作发展协调机制的作用。要着力加快推进产业对接协作，理顺三地产业发展链条，形成区域间产业合理分布和上下游联动机制，对接产业规划，不搞同构性、同质化发展。强调了产业协调和发展特色产业的重要意义。进一步强化京津联动，全方位拓展合作广度和深度，加快实现同城化发展，共同发挥高端引领和辐射带动作用。京津、京保石、京唐秦三个产业发展带和城镇聚集轴，这是支撑京津冀协同发展的主体框架。功能疏解方面，四类非首都功能将被疏解。北京人口过度膨胀，雾霾天气频现，交通日益拥堵，房价持续高涨，资源环境承载力严重不足，造成这些问题的根本原因是北京集聚了过多的非首都功能。从疏解对象讲，重点是疏解一般性产业特别是高消耗产业，区域性物流基地、区域性专业市场等部分第三产业，部分教育、医疗、培训机构等社会公共服务功能，部分行政性、事业性服务机构和企业总部等四类非首都功能。

（三）优化城市布局

在交通一体化方面，构建以轨道交通为骨干的多节点、网格状、全覆盖的交通网络。重点是建设高效密集轨道交通网，完善便捷通畅公路交通网，打通国家高速公路"断头路"，全面消除跨区域国省干线"瓶颈路段"，加快构建现代化的津冀港口群，打造国际一流的航空枢纽，加快北京新机场建设，大力发展公交优先的城市交通，提升交通智能化管理水平，提升区域一体化运输服务水平，发展安全绿色可持续交通。促进城市分工协作，提高城市群一体化水平，提高其综合承载能力和内涵发展水平，提高城市群一体化水平和综合承载能力的重要性。做有序疏解非首都功能的"减法"，来换取经济结构和空间结构优化的"加法"。截至 2019 年上半年，北京市中心城区内已有近百个商品交易市场外迁，动物园、大红门等市场商户正在向廊坊永清、保定白沟、沧州黄骅等地疏解，助力河北打造全国现代商贸物流基地。

（四）加强协调机制创新

在已经启动大气污染防治协作机制的基础上，完善防护林建设、水资源保护、水环境治理、清洁能源使用等领域合作机制。强调了生态建设和生态文明的重要性。着力加快推进市场一体化进程，下决心破除限制资本、技术、产权、人才、劳动力等生产要素自由流动和优化配置的各种体制机制障碍，推动各种要素按照市场规律在区域内自由流动和优化配置。强调加速建设要素市场的重要性。这些重要论述，寓意深刻，内涵巨大，为京津冀协同发展指明了清晰的前进方向和实现路径。

三、大力推动长江经济带发展

长江经济带覆盖上海、江苏、浙江、安徽、江西、湖北、湖南、重庆、四川、云南、贵州等11省市，面积约205万平方公里，人口和生产总值均超过全国的40%。发挥黄金水道独特优势，建设长江经济带，是党中央、国务院准确把握时代变革大趋势，积极适应经济发展新常态，作出的重大战略决策，是新时期我国区域协调发展和对内对外开放相结合、推动发展向中高端水平迈进的重大战略举措。

长江经济带在全国的地位非常重要，早在"七五"计划中国家就把长江经济带列为与沿海并列的两条国家一级开发轴线之一。然而，近30年，尽管长江流域的经济社会发展速度也比较快，但与沿海地区特别是珠三角、长三角和环渤海地区的飞速相比，两者的差距拉大了，在全国的经济地位下降了。建设长江经济带表明，我国在提升东部沿海发展质量的同时，高度重视做好内陆开发开放。建设长江经济带标志着国家区域战略选择进入了一个新阶段，即开始重视不同地区间的联动效应及整体性特征，其战略意义重大而深远。

（一）科学谋划、创新机制

加强规划引导，做好推动长江经济带发展的顶层设计。要继续挖掘和利用长江黄金水道优势，加快建设综合立体交通走廊，提升干支流航运能力，增强对长江经济带发展的战略支撑。要实施创新驱动发展战略，优化沿江产业布局，合理引导产业转移，促进长江经济带发展提质增效升级。要坚持走新型城镇化道路，优化城市群布局和形态，保护山水特色和历史文脉，搞好新型城镇化综合试点。要统筹沿海沿江沿边和内陆开放，加强与"一带一路"战略之间的衔接互动，提升长江经济带开放型经济水平。要加强生态环境保护，建设绿色生态廊道，确保长江经济带水清地绿天蓝。要建立健全地方政府之间协调合作机制，共同研究解决区域合作中的重大事项。要科学论证重点项目和工程，成熟一批推出一批，加快在重点领域取得实质性突破。

（二）建设综合立体交通走廊

依托长江黄金水道，统筹铁路、公路、航空、管道建设，加强各种运输方式的衔接和综合交通枢纽建设，加快多式联运发展，建成安全便捷、绿色低碳的综合立体交通走廊，增强对长江经济带发展的战略支撑力。建设上海经南京、合肥、武汉、重庆至成都的沿江高速铁路和上海经杭州、南昌、长沙、贵阳至昆明的沪昆高速铁路，连通南北高速铁路和快速铁路，形成覆盖 50 万人口以上城市的快速铁路网。改扩建沿江大能力普通铁路，规划建设衢州至丽江铁路，提升沪昆铁路既有运能，形成覆盖 20 万人口以上城市客货共线的普通铁路网。以上海至成都、上海至重庆、上海至昆明、杭州至瑞丽等国家高速公路为重点，建成连通重点区域、中心城市、主要港口和重要边境口岸的高速公路网络。提高国省干线公路技术等级和安全服务水平，普通国道二级及以上公路比重达到 80% 以上。加快县乡连通路、资源开发路、旅游景区路、山区扶贫路建设，实现具备条件的乡镇、建制村通沥青（水泥）路。加快上海国际航空枢纽建设，强化重庆、成都、昆明、贵阳、长沙、武汉、南京、杭州等机场的区域枢纽功能，发挥南昌、合肥、宁波、无锡等干线机场作用，推进支线机场建设，形成长江上、中、下游机场群。完善航线网络，提高主要城市间航班密度，增加国际运输航线。深化空域管理改革，大力发展通用航空。依托空港资源，发展临空经济。统筹油气运输通道和储备系统建设，合理布局沿江管网设施。加强长江三角洲向内陆地区、沿江地区向腹地辐射的原油和成品油输送管道建设，完善区域性油气管网，加快互联互通，形成以沿江干线管道为主轴，连接沿江城市群的油气供应保障体系。

（三）促进产业转型升级

顺应全球新一轮科技革命和产业变革趋势，推动沿江产业由要素驱动向创新驱动转变，大力发展战略性新兴产业，加快改造提升传统产业，大幅提高服务业比重，引导产业合理布局和有序转移，培育形成具有国际水平的产业集群，增强长江经济带产业竞争力，培育世界级产业集群。以沿江国家级、省级开发区为载体，以大型企业为骨干，打造电子信息、高端装备、汽车、家电、纺织服装等世界级制造业集群。建设具有国际先进水平的长江口造船基地和长江中游轨道交通装备、工程机械制造基地，突破核心关键技术，培育知名自主品牌。在沿江布局一批战略性新兴产业集聚区、国家高技术产业基地和国家新型工业化产业示范基地。推动石化、钢铁、有色金属等产业转型升级，促进沿江炼化一体化和园区化发展，提升油品质量，加快钢铁、有色金属产品结构调整，淘汰落后产能。按照区域资源禀赋条件、生态环境容量和主体功能定位，促进产业布局调整和集聚发展。在着力推动下游地区产业转型升级的同时，依托中上游地区广阔腹地，增强基础设施和产业配套能力，引导具有成本优势的资源加工型、劳动密集型产业和具有市场需求的资本、技术密集型产业向中上游地区转移。支持和鼓励开展产业园区战略合作，建立产业转移跨区域合作机制，以中上游地区国家级、省级开发区为载体，建设承接产业转移示范区和加工贸易梯度转移承接地，推动产业协同合作、联动发展。借鉴负面清单管理模式，加强对产业转移的引导，促进中上游特别是三峡库区产业布局与区域资源生态环境相协调，防止出现污染转移和环境风险聚集，避免低水平重复建设。

（四）建设绿色生态廊道

顺应自然，保育生态，强化长江水资源保护和合理利用，加大重点生态功能区保护力度，加强流域生态系统修复和环境综合治理，稳步提高长江流域水质，显著改善长江生态环境，是打造长江经济带的重要目标。落实最严格水资源管理制度，明确长江水资源开发利用红线、用水效率红线。加强流域水资源统一调度，保障生活、生产和生态用水安全。严格相关规划和建设项目的水资源论证。加强饮用水水源地保护，优化沿江取水口和排污口布局，取缔饮用水水源保护区内的排污口，鼓励各地区建设饮用水应急水源。建设水源地环境风险防控工程，确保城乡饮用水安全。严厉打击河道非法采砂。优化水资源配置格局，加快推进云贵川渝等地区大中型骨干水源工程及配套工程建设。建设沿江、沿河、环湖水资源保护带、生态隔离带，增强水源涵养和水土保持能力。明确水功能区限制纳污红线，完善水功能区监督管理制度，科学核定水域纳污容量，严格控制入河（湖）排污总量。大幅削减化学需氧量、氨氮排放量，加大总磷、总氮排放等污染物控制力度。加大沿江化工、造纸、印染、有色等排污行业环境隐患排查和集中治理力度，实行长江干支流沿线城镇污水垃圾全收集全处理，加强农业畜禽、水产养殖污染物排放控制及农村污水垃圾治理，强化水上危险品运输安全环保监管、船舶溢油风险防范和船舶污水排放控制。完善污染物排放总量控制制度，加强二氧化硫、氮氧化物、PM2.5（细颗粒物）等主要大气污染物综合防治，严格控制煤炭消费总量。坚定不移实施主体功能区制度，率先划定沿江生态保护红线，强化国土空间合理开发与保护，加大重点生态功能区建设和保护力度，构建中上游生态屏障。

（五）创新区域协调发展体制机制

打破行政区划界限和壁垒，加强规划统筹和衔接，形成市场体系统一开放、基础设施共建共享、生态环境联防联治、流域管理统筹协调的区域协调发展新机制。发挥水利部长江水利委员会、交通运输部长江航务管理局、农业部长江流域渔政监督管理办公室以及环境保护部华东、华南、西南环境保护督查中心等机构作用，协同推进长江防洪、航运、发电、生态环境保护等工作。建立健全地方政府之间协商合作机制，共同研究解决区域合作中的重大事项。充分调动社会力量，建立各类跨地区合作组织。进一步简政放权，清理阻碍要素合理流动的地方性政策法规，打破区域性市场壁垒，实施统一的市场准入制度和标准，推动劳动力、资本、技术等要素跨区域流动和优化配置。健全知识产权保护机制。推动社会信用体系建设，扩大信息资源开放共享，提高基础设施网络化、一体化服务水平。鼓励和支持沿江省市共同设立长江水环境保护治理基金，加大对环境突出问题的联合治理力度。按照"谁受益谁补偿"的原则，探索上中下游开发地区、受益地区与生态保护地区试点横向生态补偿机制。依托重点生态功能区开展生态补偿示范区建设。推进水权、碳排放权、排污权交易，推行环境污染第三方治理。

四、陆海统筹推动海洋强国建设

经济全球化时代，海洋是国际交往和国际合作不可或缺的新的重要平台，海洋充分发挥了"蓝色大动脉"的作用，海运是促进全球贸易发展的重要支撑力量，海运航道已成为具有全球战略意义的资源。世界各沿海国家多把蓝色海洋国土的开发作为重大发展战略，下大力气予以实施。

党的十八大提出了"建设海洋强国"的战略，标志着我国在宏观战略上开始摒弃"重陆轻海"的传统思维与做法，转而采取"重陆兴海、兴海强国、陆海统筹"的发展思路，这是在国家发展思维上的重大战略性转变。我国是一个海洋大国，海洋国家利益的得失直接决定或影响着国家政治、经济、安全、文明进步的走向，决定和影响着国家的前途命运。我们要着眼于中国特色社会主义事业发展全局，统筹国内国际两个大局，坚持陆海统筹，坚持走依海富国、以海强国、人海和谐、合作共赢的发展道路，通过和平、发展、合作、共赢方式，扎实推进海洋强国建设。

陆海统筹是建设海洋强国，构建大陆文明与海洋文明相容并济的可持续发展格局的重要战略举措。从全球发展趋势上看，进入 21 世纪，随着陆地资源因长期的开发利用而日趋减少，人类要维持自身的生存与发展，必须充分开发利用和保护地球上宝贵的海洋资源。中国曾是最早开发利用海洋的国家之一，但在历史发展的长河中，黄土文明将海洋文明淹没了。文化上，海洋意识淡漠；经济上，重农抑商；安全上，海权意识模糊，"海防"让位于"塞防"，有海无防。"海禁""片帆不得下海"的做法在相当长的时期内大行其道。通过历史的反思和国际经验的借鉴，我们深深感受到了陆海统筹、建设海洋强国的重要性。今天，在陆海统筹发展的战略举措下，实施海洋开发战略，促进海洋经济发展，是贯彻落实建设海洋强国战略的重点，将有助于拓展国土开发的新空间，培育中国经济新常态的新增长点。

坚持陆海统筹，一是要提高海洋资源开发能力，着力推动海洋经济向质量效益型转变。发达的海洋经济是建设海洋强国的重要支撑。要提高海洋开发能力，扩大海洋开发领域，让海洋经济成为新的增长点。要加强海洋产业规划和指导，优化海洋产业结构，提高海洋经济增长质量，培育壮大海洋战略性新兴产业，提高海洋产业对经济增长的贡献率，努力使海洋产业成为国民经济的支柱产业。二是要保护海洋生态环境，着力推动海洋开发方式向循环利用型转变。要下决心采取措施，全力遏制海洋生态环境不断恶化趋势，让我国海洋生态环境有一个明显改观，让人民群众吃上绿色、安全、放心的海产品，享受到碧海蓝天、洁净沙滩。三是要发展海洋科学技术，着力推动海洋科技向创新引领型转变。建设海洋强国必须大力发展海洋高新技术。要依靠科技进步和创新，努力突破制约海洋经济发展和海洋生态保护的科技瓶颈。要搞好海洋科技创新总体规划，坚持有所为有所不为，重点在深水、绿色、安全的海洋高技术领域取得突破。尤其要推进海洋经济转型过程中急需的核心技术和关键共性技术的研究开发。四是要维护国家海洋权益，着力推动海洋维权向统筹兼顾型转变。我们爱好和平，坚持走和平发展道路，但决不能放弃正当权益，更不能牺牲国家核心利益。解决国家统一问题、南海问题、钓鱼岛问题等，保证海上会谈利益和海上航线安全，都需要坚决统筹维稳和维权两个大局，坚持维护国家主权、安全、发展利益相统一，维护海洋权益和提升综合国力相匹配。要坚持用和平方式、谈判方式解决争端，努力维护和平稳定。要做好应对各种复杂局面的准备，提高海洋维权能力，坚决维护我国海洋权益。

第十章　城乡一体积极稳妥推进新型城镇化

城镇化是伴随工业化发展，非农产业在城镇集聚、农村人口向城镇集中的自然历史过程，是人类社会发展的客观趋势，是国家现代化的重要标志。2013年年底，中央城镇化工作会议召开，凸显了新型城镇化在我国经济发展中的特殊重要地位。"十四五"时期，是全面建成小康社会的决定性阶段，也是城镇化处于深入发展的时期。深刻认识城镇化对经济社会发展的重大意义，牢牢把握城镇化蕴含的巨大机遇，准确研判城镇化发展的新趋势、新特点，妥善应对城镇化面临的风险挑战，走以人为本、四化同步、优化布局、生态文明、文化传承的中国特色新型城镇化道路。

一、推进以人为核心的城镇化

人们来到城市，是为了生活更加美好。中国特色新型城镇化不是简单地将人口从农村转移到城镇，而是要实现经济社会一系列由"乡"到"城"的转变，通过发展经济、扩大就业、鼓励创业、完善社会保障、增进公共服务等途径，建设和谐包容、成果共享的新型城镇化。"十四五"期间，我国发展中涉及人口最多的问题主要有三个，即城乡发展差距、区域发展差距和城市内部二元结构问题：从城乡层面看，按户籍计算的三分之二左右的人口居住在农村；从城市内部看，大量农业转移人口长期无法融入城市，不少群众居住在棚户区和城中村；从区域层面看，接近三分之二的人口居住在中西部地区。按照中央城镇化工作会议关于"三个'约1亿人'"的指导精神，课题组的研究认为：推进以人为核心的城镇化，必须解决好上述三大问题，即推进农业转移人口市民化、加快棚户区和城中村改造和注重中西部地区城镇化。

（一）推进约1亿进城常住农业转移人口市民化

当前，社会上关于农业转移人口市民化的讨论非常多，这是中国特色新型城镇化不可回避、首要的任务。国家统计局公布的《2019年全国农民工监测调查报告》显示[1]：2019年，全国农民工总量为29 077万人，比上年增加241万人，增长0.8%。其中，外出农民工17 425万人，增加159万人，增长0.9%；本地农民工11 652万人，增加82万人，增长0.7%。如此庞大的人口长期处于城市的"两栖"状态，在城乡之间钟摆式大规模流动而无法融入城市社会，这严重影响了我国城镇化发展的质量。积极推进农业转移人口市民化，是实现以人为核心的城镇化的关键。

第一，推进符合条件的农业转移人口落户城镇。中央城镇化工作会议确定，到2020年使1亿左右长期进城务工经商的农业转移人口在城镇落户，这是推进农业转移人口市民化的重要步骤。统计数据表明，2012年，我国约有7 200万农业转移人口在流入地的居住年限超过五年，具备在城镇落户的能力，到2020年，预计这一群体累计将会超过1.2亿人。推进农业转移人口市民化的关键点，就是要"推进符合条件的农业

---

[1]　有关"农民工"的称谓问题受到诸多学者批评，本课题组在文中除引用权威报告原文中采用"农民工"概念外，文中一般采用"农业转移人口"的概念。

转移人口落户城镇"，即要积极稳妥地改革当前的户籍制度。从我国的实践情况看，小城市和小城镇的户籍制度改革较为靠前，而问题的焦点和难点在像北京、上海、广州这样的特大城市。推进户籍制度改革，要按城镇人口的不同规模，逐步使符合条件的农业转移人口落户城镇，实行差别化的落户政策。总的原则是：小城市和小城镇要全面放开，不再设置其他门槛；中等城市要有序放开，大城市要合理放宽，这两类城市可以设置城镇社会保障参加年限等具体要求；特大城市要严格控制人口规模，可采取积分制等方式为农业转移人口设置阶梯式落户通道。

第二，推进农业转移人口享有城镇基本公共服务。农村劳动力在城乡之间进行流动就业是长期现象，要按照"保障基本、循序渐进"的基本原则，积极推进城镇基本公共服务由主要对本地户籍人口提供向对常住人口提供转变，逐步解决在城镇就业居住但未落户的农业转移人口享有城镇基本公共服务问题。一是要保障随迁子女平等享有受教育权利，将农民工随迁子女义务教育纳入各级政府教育发展规划和财政保障范畴，合理规划学校布局，科学核定教师编制，足额拨付教育经费，保障农民工随迁子女以公办学校为主接受义务教育。二是要完善公共就业创业服务体系，加强农业转移人口职业技能培训，进一步加大农业转移人口就业创业政策的扶持力度，提高其就业创业能力和职业素质。三是要扩大社会保障覆盖面，适时降低社会保险费率。积极完善职工基本养老保险制度、建立全国统一的城乡居民基本养老保险制度、逐步扩大农业转移人口参加城镇职工工伤保险、失业保险、生育保险比例。四是要改善基本医疗卫生条件，根据常住人口配置城镇基本医疗卫生服务资源，将农业转移人口及其随迁家属纳入社区卫生服务体系，免费提供健康教育、妇幼保健、预防接种等公共卫生服务。五是要拓宽住房保障渠道，通过廉租住房、公共租赁住房、租赁补贴等多种方式改善农业转移人口的居住条件，积极将进城落户农民完全纳入到城镇住房保障体系中来。

第三，建立健全农业转移人口市民化推进机制。推进农业转移人口市民化是实现以人为核心的城镇化的首要任务所在，而落实的关键在于要建立合理的成本分担机制和社会参与机制。从成本分担机制看，政府要承担农业转移人口市民化在义务教育、劳动就业、基本养老、基本医疗卫生、保障性住房以及市政设施等方面的公共成本。企业要落实农民工与城镇职工同工同酬制度，加大职工技能培训投入，依法为农业转移人口缴纳职工养老、医疗、工商、失业、生育等社会保险费用。农业转移人口要积极参加城镇社会保险、职业教育和技能培训等，并按照规定承担相关费用，提升融入城市社会的能力。从社会参与机制看，要推进农业转移人口融入企业、子女融入学校、家庭融入社区、群体融入社会的"四个融入"进程，努力建设包容性城市。通过加强对农业转移人口科普宣传教育等途径，提高农业转移人口的科学文化和文明素质，积极营造农业转移人口参与社区公共活动、建设和管理的良好氛围，使其精神文化生活得到丰富，以更好地融入城市社会，更好地享受城市生活。

（二）加快约 1 亿人口的城镇棚户区和城中村改造

加快棚户区和城中村改造是实现以人为核心的城镇化的重要着力点。棚户区和城中村改造是一个世界性的难题，也是实现以人为核心的城镇化必须啃的一块"硬骨头"，这关系到民生的保障和改善，关系到经济社会的发展，也关系到中国特色新型城镇化的水平和质量。在我国，城镇棚户区和城中村具有典型的城镇内部二元结构特征。一些老企业的职工、已在城市就业的外来人口包括许多农民工，在城里没有基本的居住条件，也就没有基本的发展环境，这严重制约了我国城镇化的进程。调查研究表明：目前全国城市和建制镇中，各类棚户区、危房以及没有管道自来水、没有厨房厕所的不成套住房，还有 4000 来万户，涉及人口约 1 亿。值得注意的是，一些城市还有不少城中村，成千上万外来转移人口集中居住在那里，许多还是大学毕业生。这些人是城市大家庭的成员，城市的发展离不开他们，应创造条件改善他们的居住条件。实践证明，棚户区和城中村改造往往是"改造一块，激活一片"，受到了广大人民的欢迎。

过去我们在推进住房市场化、社会化发展的过程中，有相当长一段时间比较重视住房的经济功能，崇尚市场力量的作用，不太重视住房的社会功能，忽视政府保障的作用。来自住房城乡建设部的数据显示，截至 2013 年 9 月底，全国开工建设城镇保障性安居工程 620 万套，基本建成 410 万套，分别达到年度目标任务的 98% 和 87%。2014 年，我国城镇保障性安居工程建设的目标任务是基本建成 480 万套以上，新开工 600 万套以上，其中棚户区改造 370 万套以上。这些数据表明，我国正扎扎实实地落实以人为核心的城镇化。

推进棚户区和城中村改造，拓展资金渠道是关键。中央财政必须继续加大对地方的补贴，国家财政性建设资金也须向棚户区和城中村改造领域倾斜、支持建设相关配套设施。地方财政也应增加财政收入，应落实好相关的税费减免等政策。推进棚户区和城中村改造，最重要的是创新投融资机制，积极完善政策性融资，为棚户区和城中村改造提供更加稳定、成本适当的资金支持。同时，还要确保棚户区和城中村改造工程的质量安全，要坚决防止企业和个人利用改造工程套取国家的财政资金，交付"豆腐渣工程"。通过建立稳定的棚户区和城中村改造投融资机制，保障住房供给的及时有效。

推进棚户区和城中村改造，做好科学规划是重点。李克强总理提出："要防止城市病，不能一边是高楼林立，一边是棚户连片。本届政府下决心要再改造 1000 万户以上各类棚户区，这既是解决城市内部的二元结构，也是降低城镇化的门槛。"推进棚户区和城中村改造，是一项长期而艰巨的任务，不可能在三五年内一次性完成，在城镇化过程中城乡接合部可能还会冒出一些简陋而又集中的房子。这需要我们加强对棚户区和城中村改造的科学规划，使这些改造工程能够与城市的其他建筑物、基础设施、自然景观等相协调，以将这项造福于民的民生工程、民心工程建设好。

推进棚户区和城中村改造，坚持制度改革是保障。推进棚户区和城中村改革，要与住房制度改革和住房保障制度改革相结合起来，既要与前期改革和现行制度相衔接，以充分体现社会公平，同时又要着眼于未来的制度建设与创新，针对棚户区和城中村住户的不同情况，做出相应的政策安排和制度设计。一是要注重改造住房分配公平性的制度改革；二是要注重改造住房成本价与市场价之间的定价机制设计；三是要注重棚户区和城中村拆迁补偿的制度改革，做到对原有土地所有者做出合理的补偿，同时又不至于引起赔偿额的巨额悬殊；四是要做好原有棚户区和城中村户主的安置工作。

（三）实现约 1 亿人口在中西部地区的城镇化

目前，东部地区城镇化率已超过 62%，中部、西部地区分布只有49% 和 45% 左右，中西部城镇化进程明显滞后。无论是从促进区域协调发展、全面建成小康社会、实现现代化，还是从增进各族群众福祉、巩固民族团结、维护国家安全的角度看，都需要加快中西部地区城镇化步伐，带动中西部地区城镇发展起来，这同样是推进以人为核心的城镇化的重要途径。

第一，推动中西部农业转移人口的就业创业。国家统计局公布的《2019 年全国农民工监测调查报告》显示，2019 年中西部地区农民工总量约为 1.8 亿人，其中约 9 000 万人在中西部地区务工，约 6 000 万人跨区域到东部地区务工。目前，部分农业转移人口返回到中西部进行就地就业创业已成趋势，2019 年已超过 1 000 万人。从 2014 年到 2020 年，中西部通过本地区城镇化和产业发展，至少可以吸引 4 000 万已在东部城镇务工的农业转移人口返回中西部城镇就业创业定居。与此同时，还可以创造条件解决约 6 000 万已在中西部城镇就业的农民工的稳定就业、稳定居住和公共服务改善等问题，两项合计起来约 1 亿人。

第二，挖掘中西部地区城镇化现有的发展潜力。我国在城镇化形态上，不同规模和层次的城镇发展不协调，小城镇数量多但规模小，集聚产业和人口的能力十分有限。特别是中西部地区，怎样找出有效办法，积极挖掘现有城镇化的发展潜力，依靠产业支撑更好地吸纳农业转移人口，更快地推进城镇化发展进程，是推进我国以人为核心的城镇化的重要任务。中西部地区应按照国家主体功能区规划，有序推进重点区域开发，推进城市群、城镇化区域发展形成新的经济增长极。同时，要加快发展中西部中小城市，发展一大批有特色的小城镇，使之成为区域发展的节点、城乡连接的纽带，成为吸纳农业转移人口的重要容器。

第三，解决好农业转移人口市民化的问题。中西部地区是我国重要的农产品供应基地和生态屏障保护区，也是我国推进城镇化发展的重要潜力区域。虽然推进中西部地区的农业转移人口市民化的困难远小于珠江三角洲地区、长江三角洲地区，但农业转移人口数量非常庞大，未来还面临着人口持续增加的压力。因此，必须妥善解决好中西部地区存量农业转移人口的市民化问题，积极应对增量农业转移人口的市民化问题，这是实现以人为核心的城镇化的关键。解决的内容应当包括：农村土地制度的改革、户籍制度的改革、常住人口基本公共服务全覆盖等多个领域。

二、优化城镇化布局和形态

"十五"规划纲要首次提出"走符合我国国情、大中小城市和小城镇协调发展的多样化道路"，并且突出了"小城镇、大战略"的要求。党的十五届三中全会指出："发展小城镇，是带动农村经济和社会发展的一个大战略。"党的十八届三中全会则强调"推动大中小城市和小城镇协调发展、产业和城镇融合发展，促进城镇化和新农村建设协调推进"。走中国特色新型城镇化道路，必须进一步优化我国城镇的规模结构，增强中心城市的辐射带动功能，加快发展中小城市，有重点地发展小城镇，促进大中小城市和小城镇协调发展。

（一）正确处理好发展各类城镇的关系

我国城镇的空间布局包括中西部的区域格局、大中小的规模格局和城市功能分区格局。从区域格局上看，我国的城镇化的形态明显表现为东部地区密集呈带、中部地区聚点成片、西部地区散点扩张的总体态势。从城镇体系结构来看，我国目前已经形成由超大城市—特大城市—大城市—中小城市—小城镇组成的五级城镇体系格局。人口500万以上的超大城市将成为国际大都市和全国区域中心城市，是各大城市群的核心城市；特大城市主要成为各省省会和重要的省域中心城市；大城市主要是各省区域中心，也就是地级市；中小城市及县城为县级市和县级中心；小城镇为规模在1万至5万人的建制镇（具体见表10-1）。

表 10-1　中国特色新型城镇化的城镇层次体系

城镇层次	标准界定
超大城市	直辖市或区域中心城市等，市区常住人口超过500万人
特大城市	经济较为发达，人口较为集中的政治、经济、文化中心，市区常住人口在300～500万之间
大城市	各省区域中心或地级市等，市区常住人口100～300万之间
中小城市	县级市和县级中心等，市区常住人口在20～100万之间
小城镇	建制镇等

资源来源：根据《中国城市统计年鉴》整理。

从我国城镇的发展演化进程来看，相当一部分中小城市和县域将发展成为大城市的卫星城，并带动小城镇发展。小城镇作为广大农村经济社会发展的服务中心，对农村现代化具有较强的示范带动作用，将成为城乡一体化的结合部。但从我国城镇化的实践看，大城市发展过快，人口拥挤、交通堵塞、空气污染等"城市病"现象有所凸显，而小城镇则发展缓慢，产业集聚和人口集聚的能力非常弱，缺乏产业支撑和人文特色，吸纳农业转移人口的能力非常有限。因此，按照"科学规划、合理布局、统筹城乡、提高质量"的基本原则，坚持大中小城市和小城镇协调发展战略，是走中国特色新型城镇化的必由之路。

坚持大中小城市和小城镇协调发展，必须清晰认识两者之间的相互依存关系。学术界关于大中小城市和小城镇发展的关系研究，往往容易走向某一个极端。事实上，大中小城市与小城镇两者之间是一种相互依存的辩证关系。发展中小城镇，必须以大中小城市为依托，没有大中小城市、特别是区域性城市的经济文化辐射效应，就不可能有小城镇的繁荣兴盛。为什么长江三角洲、珠江三角洲的小城镇发达？就是因为这两个地区有密集的大城市，如果没有沪宁杭、苏锡常的经济技术辐射，也就没有这里星罗棋布的小城镇；没有香港、广州、深圳的对外开放，就不会形成"两头"在外经济为支柱的珠江三角洲小城镇群。国外的经验表明：发达的小城镇一般都是围绕大中小城市发展起来的，决不能因为强调小城镇而忽视大中小城市的发展。另外，大中小城市的发展也离不开小城镇的发展，小城镇能够为大中小城市提供资源支撑和经济腹地作用，能够为大中小城市提供广阔的发展空间和优良的土地资源。

坚持大中小城市和小城镇协调发展，必须要求大中小城市和小城镇都能得到发展。从我国城镇化建设实际情况看，大城市发展迅速，小城镇发展滞后所导致的大中小城市和小城镇发展不协调的状况非常明显。

走中国特色新型城镇化道路，就必须使各类城镇功能都能得到充分发挥，既要发展大中小城市，又要发展小城镇，而不是只是发展某一类城市。在这个问题上，需要进一步阐明的是对大中城市发展的认识问题。对中国必须大力发展小城市和小城镇，社会各界一般都有共识，但对大城市的认识则有疑虑，有学者担心城市规模大了以后会产生"城市病"。实际上，大城市与"城市病"并没有必然的联系，只要城市规划和管理得当，完全是可以避免"城市病"的。

坚持大中小城市和小城镇协调发展，必须要求大中小城市和小城镇成为一个有机整体。走中国特色的新型城镇化道路，实现城镇体系之间的优化布局是其基本内涵之一。随着各种中心城市或城镇功能的完善，其辐射带动作用必然会逐步增强，带动周边的中小城市和小城镇发展起来，从而使得各种中心城市在吸纳非城市人口的同时，也会极大地带动周边中小城市和小城镇的对非城市人口的吸纳，最终实现大中小城市和小城镇形成一个有机整体的目标。通过大中小城市的辐射带动作用，带动小城镇的良性发展；通过小城镇的发展，对大中小城市的建设起到资源支撑和经济腹地作用，从而逐步形成我国结构有序、优势互补、功能配合、共生共进、和谐高效的城镇体系。

（二）增强大中小城市的辐射带动功能

《国家新型城镇化规划（2014-2020年）》明确提出，要"发展集聚效率高、辐射作用大、城镇体系优、功能互补强的城市群，使之成为支撑全国经济增长、促进区域协调发展、参与国际竞争合作的重要平台"。应当说，直辖市、省会城市、计划单列市和重要节点城市等大中城市，是我国城镇化发展的重要支撑，也是我国经济最重要的增长极。因此，充分发挥城市群和大中小城市的辐射带动作用，是走中国特色新型城镇化道路的应有之义。

第一，提升沿海中心城市的国际竞争力。京津冀、长江三角洲、珠江三角洲等沿海城市群，是我国经济最具活力、开放程度最高、创新能力最强、吸纳外来人口最多的地区。统计数据表明，京津冀、长江三角洲、珠江三角洲三大城市群以 3% 左右的国土面积，集聚了 13% 左右的人口，创造了 36% 左右的国内生产总值，成为我国参与国际经济合作与竞争的重要支撑力量。在我国城镇化发展新的历史时期，沿海中心城市要加快产业转型升级，提高参与全球产业分工的层次，充分发挥比较优势，延伸面向腹地的产业和服务链，以加快提升其国际化程度和国际竞争力。

第二，加大内陆中心城市的开发开放力度。内陆中心城市是中国特色新型城镇化的重要组成部分。要加快中西部地区的内陆中心城市发展，积极培育壮大陆路边境口岸城镇，建设国际贸易物流节点和加工基地。按照《国家新型城镇化规划（2014−2020 年）》的指导要求，内陆中心城市要健全以先进制造业、战略性新兴产业、现代服务业为主的产业体系，积极提升要素集聚、科技创新、高端服务能力，发挥规模效应和带动效应。区域重要节点城市要完善城市功能，壮大经济实力，加强协作对接，实现集约发展、联动发展和互补发展。内陆特大城市要适当疏散经济功能和其他功能，推进劳动密集型加工业向外转移，加强与周边城镇基础设施连接和公共服务共享，推进中心城区功能向 1 小时交通圈地区扩散，培育形成通勤高效、一体发展的都市圈。

第三，加快我国中小城市的发展建设进程。我国的中小城市主要是指县级市和县级中心、市区常住人口在 20 ～ 100 万之间的城市群体，中小城市是介于大城市和小城镇之间的一种城市形态。按照城镇经济学的划分方法，一般以"大中小城市"统称之。应当说，加快中小城市的发展建设进程，是增强大中小城市辐射带动作用的重要着力点，也是促进我国大中小城市和小城镇协调发展的重要途径。我们要优先发展区域优势明显、资源环境承载能力较强的中小城市，把有条件的东部地区中心镇、中西部地区县城和重要边境口岸发展成为中小城市。要注意引导中小城市的有序发展，在农产品主产区和重点生态功能区集中建设县城和中心镇。同时，要加强教育医疗等公共资源配置向中小城镇倾斜，引导高等学校和职业院校在中小城市布局，推动优质教育和医疗机构在中小城市设立分支机构，不断增强其集聚要素的吸引力。

（三）有重点地发展小城镇

著名社会学家费孝通先生在 20 世纪 80 年代提出"小城镇、大问题"的观点，后受到了学术界和政策界的广泛关注。2000 年，中共中央、国务院出台了《关于促进小城镇健康发展的若干意见》，明确提出将"引导小城镇的健康发展作为当前及今后较长时期农村改革与发展的一项重要任务"的指导思想，为我国小城镇发展建设起到了重要的推动作用。

但在《关于促进小城镇健康发展的若干意见》的实施过程中，也出现了很多问题和矛盾，尤其是大量的小城镇仿佛一夜之间冒出来了，过快的小城镇建设占用了大量的农村优质耕地，"家家点火、村村冒烟"的"造城运动"严重损害了小城镇建设的质量。因此，针对这些情况，中央及时做出了调整，提出"有重点地发展小城镇"的指导方针。

第一，推动小城镇与大中小城市的优势互补发展。如果把我国城镇体系比作一个金字塔，底部就是小城镇，而塔尖就是特大城市。小城镇的发展离不开大中城市的辐射作用，大中城市的发展也离不开小城镇的支撑作用。要按照控制数量、提高质量、节约用地、体现特色的要求，推动小城镇发展与疏解大城市中心城区功能相结合、与特色产业发展相结合、与服务"三农"相结合。大城市周边的重点镇，要加强与城市发展的统筹规划与功能配套，逐步发展成为卫星城。

第二，做好小城镇的行政区划调整和体系规划。目前，我国的小城镇大约有两万个，是我国城镇体系中的重要组成部分。从行政区划调整角度看，可以以县和县级市为单位确立中心镇、重点镇和一般镇。县城为全县中心镇，根据县的规模大小确立数量不等的重点镇。有重点地加快中心镇和重点镇的发展，结合乡镇行政区划调整，将中心镇和重点镇的规模扩大一些。从体系规划角度看，通过规划引导、市场运作的方式，将有特色资源、区域优势的小城镇，培育成文化旅游、商贸物流、资源加工、交通枢纽等专业特色镇。

第三，加强小城镇市政建设的规划和管理，提高小城镇质量和水平。目前，小城镇与大中小城市相比，不仅经济发展水平较为落后，在基础设施等硬件条件方面有很远的差距，而且城市管理、城市服务、城市文化等软件方面的差距更大。要加强小城镇市政建设方面的规划和管理，逐步将一些重点镇发展成为内涵丰富、外形整洁、功能健全的真正意义上的现代化小城市。而那些远离中心城市的小城镇和林场、农场等，要完善基础设施和公共服务，将其发展成为服务农村、带动周边的综合性小城镇，对于那些吸纳人口多、经济实力强的重点镇，还可赋予同人口和经济规模相适应的管理权。

三、提高城市可持续发展能力

"十四五"时期推进新型城镇化建设，需要进一步加快转变城市发展方式，优化城市空间结构，增强城市经济、基础设施、公共服务和资源环境对人口的承载能力，有效预防和治理"城市病"，建设和谐宜居、富有特色、充满活力的现代城市。

（一）强化城市产业就业支撑

调整优化城市产业布局和结构，促进城市经济转型升级，改善营商环境，增强经济活力，扩大就业容量，把城市打造成为创业乐园和创新摇篮。

第一，根据城市资源环境承载能力、要素禀赋和比较优势，培育发展各具特色的城市产业体系。改造提升传统产业，淘汰落后产能，壮大先进制造业和节能环保、新一代信息技术、生物、新能源、新材料、新能源汽车等战略性新兴产业。适应制造业转型升级要求，推动生产性服务业专业化、市场化、社会化发展，引导生产性服务业在中心城市、制造业密集区域集聚；适应居民消费需求多样化，提升生活性服务业水平，扩大服务供给，提高服务质量，推动特大城市和大城市形成以服务经济为主的产业结构。强化城市间专业化分工协作，增强中小城市产业承接能力，构建大中小城市和小城镇特色鲜明、优势互补的产业发展格局。推进城市污染企业治理改造和环保搬迁。支持资源枯竭城市发展接续替代产业。

第二，增强城市创新能力。顺应科技进步和产业变革新趋势，发挥城市创新载体作用，依托科技、教育和人才资源优势，推动城市走创新驱动发展道路。营造创新的制度环境、政策环境、金融环境和文化氛围，激发全社会创新活力，推动技术创新、商业模式创新和管理创新。建立产学研协同创新机制，强化企业在技术创新中的主体地位，发挥大型企业创新骨干作用，激发中小企业创新活力。建设创新基地，集聚创新人才，培育创新集群，完善创新服务体系，发展创新公共平台和风险投资机构，推进创新成果资本化、产业化。加强知识产权运用和保护，健全技术创新激励机制。推动高等学校提高创新人才培养能力，加快现代职业教育体系建设，系统构建从中职、高职、本科层次职业教育到专业学位研究生教育的技术技能人才培养通道，推进中高职衔接和职普沟通。引导部分地方本科高等学校转型发展为应用技术类型高校。试行普通高校、高职院校、成人高校之间的学分转换，为学生多样化成才提供选择。

第三，营造良好就业创业环境。发挥城市创业平台作用，充分利用城市规模经济产生的专业化分工效应，放宽政府管制，降低交易成本，激发创业活力。完善扶持创业的优惠政策，形成政府激励创业、社会支持创业、劳动者勇于创业新机制。运用财政支持、税费减免、创业投资引导、政策性金融服务、小额贷款担保等手段，为中小企业特别是创业型企业发展提供良好的经营环境，促进以创业带动就业。促进以高校毕业生为重点的青年就业和农村转移劳动力、城镇困难人员、退役军人就业。结合产业升级开发更多适合高校毕业生的就业岗位，实行激励高校毕业生自主创业政策，实施离校未就业高校毕业生就业促进计划。合理引导高校毕业生就业流向，鼓励其到中小城市创业就业。

（二）优化城市空间结构和管理格局

按照统一规划、协调推进、集约紧凑、疏密有致、环境优先的原则，统筹中心城区改造和新城新区建设，提高城市空间利用效率，改善城市人居环境。

第一，改造提升中心城区功能。推动特大城市中心城区部分功能向卫星城疏散，强化大中城市中心城区高端服务、现代商贸、信息中介、创意创新等功能。完善中心城区功能组合，统筹规划地上地下空间开发，推动商业、办公、居住、生态空间与交通站点的合理布局与综合利用开发。制定城市市辖区设置标准，优化市辖区规模和结构。按照改造更新与保护修复并重的要求，健全旧城改造机制，优化提升旧城功能。加快城区老工业区搬迁改造，大力推进棚户区改造，稳步实施城中村改造，有序推进旧住宅小区综合整治、危旧住房和非成套住房改造，全面改善人居环境。

第二，严格规范新城新区建设。严格新城新区设立条件，防止城市边界无序蔓延。因中心城区功能过度叠加、人口密度过高或规避自然灾害等原因，确需规划建设新城新区，必须以人口密度、产出强度和资源环境承载力为基准，与行政区划相协调，科学合理编制规划，严格控制建设用地规模，控制建设标准过度超前。统筹生产区、办公区、生活区、商业区等功能区规划建设，推进功能混合和产城融合，在集聚产业的同时集聚人口，防止新城新区空心化。加强现有开发区城市功能改造，推动单一生产功能向城市综合功能转型，为促进人口集聚、发展服务经济拓展空间。

第三，改善城乡接合部环境。提升城乡接合部规划建设和管理服务水平，促进社区化发展，增强服务城市、带动农村、承接转移人口功能。加快城区基础设施和公共服务设施向城乡接合部地区延伸覆盖，规范建设行为，加强环境整治和社会综合治理，改善生活居住条件。保护生态用地和农用地，形成有利于改善城市生态环境质量的生态缓冲地带。

（三）提升城市基本公共服务水平

加强市政公用设施和公共服务设施建设，增加基本公共服务供给，增强对人口集聚和服务的支撑能力。

第一，优先发展城市公共交通。将公共交通放在城市交通发展的首要位置，加快构建以公共交通为主体的城市机动化出行系统，积极发展快速公共汽车、现代有轨电车等大容量地面公共交通系统，科学有序推进城市轨道交通建设。优化公共交通站点和线路设置，推动形成公共交通优先通行网络，提高覆盖率、准点率和运行速度，基本实现 100 万人口以上城市中心城区公共交通站点 500 米全覆盖。强化交通综合管理，有效调控、合理引导个体机动化交通需求。推动各种交通方式、城市道路交通管理系统的信息共享和资源整合。

第二，加强市政公用设施建设。建设安全高效便利的生活服务和市政公用设施网络体系。优化社区生活设施布局，健全社区养老服务体系，完善便民利民服务网络，打造包括物流配送、便民超市、平价菜店、家庭服务中心等在内的便捷生活服务圈。加强无障碍环境建设。合理布局建设公益性菜市场、农产品批发市场。统筹电力、通信、给排水、供热、燃气等地下管网建设，推行城市综合管廊，新建城市主干道路、城市新区、各类园区应实行城市地下管网综合管廊模式。加强城镇水源地保护与建设和供水设施改造与建设，确保城镇供水安全。加强防洪设施建设，完善城市排水与暴雨外洪内涝防治体系，提高应对极端天气能力。建设安全可靠、技术先进、管理规范的新型配电网络体系，加快推进城市清洁能源供应设施建设，完善燃气输配、储备和供应保障系统，大力发展热电联产，淘汰燃煤小锅炉。加强城镇污水处理及再生利用设施建设，推进雨污分流改造和污泥无害化处置。提高城镇生活垃圾无害化处理能力。合理布局建设城市停车场和立体车库，新建大中型商业设施要配建货物装卸作业区和停车场，新建办公区和住宅小区要配建地下停车场。

第三，完善基本公共服务体系。根据城镇常住人口增长趋势和空间分布，统筹布局建设学校、医疗卫生机构、文化设施、体育场所等公共服务设施。优化学校布局和建设规模，合理配置中小学和幼儿园资源。加强社区卫生服务机构建设，健全与医院分工协作、双向转诊的城市医疗服务体系。完善重大疾病防控、妇幼保健等专业公共卫生和计划生育服务网络。加强公共文化、公共体育、就业服务、社保经办和便民利民服务设施建设。创新公共服务供给方式，引入市场机制，扩大政府购买服务规模，实现供给主体和方式多元化，根据经济社会发展状况和财力水平，逐步提高城镇居民基本公共服务水平，在学有所教、劳有所得、病有所医、老有所养、住有所居上持续取得新进展。

（四）提高城市规划建设水平

适应新型城镇化发展要求，提高城市规划科学性，加强空间开发管制，健全规划管理体制机制，严格建筑规范和质量管理，强化实施监督，提高城市规划管理水平和建筑质量。

第一，创新规划理念。把以人为本、尊重自然、传承历史、绿色低碳理念融入城市规划全过程。城市规划要由扩张性规划逐步转向限定城市边界、优化空间结构的规划，科学确立城市功能定位和形态，加强城市空间开发利用管制，合理划定城市"三区四线"，合理确定城市规模、开发边界、开发强度和保护性空间，加强道路红线和建筑红线对建设项目的定位控制。统筹规划城市空间功能布局，促进城市用地功能适度混合。合理设定不同功能区土地开发利用的容积率、绿化率、地面渗透率等规范性要求。建立健全城市地下空间开发利用协调机制。统筹规划市区、城郊和周边乡村发展。

第二，完善规划程序。完善城市规划前期研究、规划编制、衔接协调、专家论证、公众参与、审查审批、实施管理、评估修编等工作程序，探索设立城市总规划师制度，提高规划编制科学化、民主化水平。推行城市规划政务公开，加大公开公示力度。加强城市规划与经济社会发展、主体功能区建设、国土资源利用、生态环境保护、基础设施建设等规划的相互衔接。推动有条件地区的经济社会发展总体规划、城市规划、土地利用规划等"多规合一"。

第三，强化规划管控。保持城市规划权威性、严肃性和连续性，坚持一本规划一张蓝图持之以恒加以落实，防止换一届领导改一次规划。

加强规划实施全过程监管，确保依规划进行开发建设。健全国家城乡规划督察员制度，以规划强制性内容为重点，加强规划实施督察，对违反规划行为进行事前事中监管。严格实行规划实施责任追究制度，加大对政府部门、开发主体、居民个人违法违规行为的责任追究和处罚力度。制定城市规划建设考核指标体系，加强地方人大对城市规划实施的监督检查，将城市规划实施情况纳入地方党政领导干部考核和离任审计。运用信息化等手段，强化对城市规划管控的技术支撑。

第四，严格建筑质量管理。强化建筑设计、施工、监理和建筑材料、装修装饰等全流程质量管控。严格执行先勘察、后设计、再施工的基本建设程序，加强建筑市场各类主体的资质资格管理，推行质量体系认证制度，加大建筑工人职业技能培训力度。坚决打击建筑工程招投标、分包转包、材料采购、竣工验收等环节的违法违规行为，惩治擅自改变房屋建筑主体和承重结构等违规行为。健全建筑档案登记、查询和管理制度，强化建筑质量责任追究和处罚，实行建筑质量责任终身追究制度。

四、完善城镇化发展体制机制

党的十八届三中全会明确提出：要"完善城镇化健康发展体制机制，坚持走中国特色新型城镇化道路"。城镇化的健康发展离不开改革，离不开体制机制创新。我国过去30多年城镇化的快速发展与体制创新改革密不可分，存在的矛盾和问题也与体制机制的不完善直接相关。"十四五"时期，为了更好地实现四化同步和中国特色新型城镇化的发展目标，必须把深化城镇化发展的体制机制改革放在十分突出的位置，积极破除体制机制障碍，依靠深化改革加大破解各项难题的力度。

（一）统筹推进户籍制度改革

推进户籍制改革，是推进农业转移人口市民化、推动中国特色新型城镇化进程的首要体制机制改革目标。我国的户籍制度是在中华人民共和国成立后特定的"重工业优先发展战略"背景下遗留下来的，非短期内能够一步改革到位，必须积极稳妥地推进。深化户籍制度改革，必须以城乡一体化、迁徙自由化为目标和方向，在中央的统一规划下，加快剥离户口所附着的福利功能，恢复户籍制度的本真功能，同时改革嵌入户籍制度之中的其他二元制度，分类整体推进。

首先，要剥离户籍制度的福利分配功能，恢复其本身的管理功能。要打破城乡分割的农业、非农业二元户口管理结构，建立城乡统一的户口制度。特大城市和大城市要合理控制人口体量。其次，要建立健全深化户籍制度改革的配套制度。这也是户籍制度改革的难点所在。要继续弱化直至最后消解城市户口的附加利益，必须同时解决土地制度、劳动就业制度、社会保障制度等配套改革问题。最后，要改革公共财政体制，为户籍制度改革提供必要的财政基础。要进一步完善分税制财政体制改革，确保地方财政有稳定可靠的税源，推动市民化的财力支持，调整城镇财政支出结构，户口登记与财政待遇相结合，以财政管理促进户口管理。

（二）深化土地管理制度改革

城镇化发展与土地存在着极为密切的关系，城镇化发展必然引起土地利用方式和土地利用结构的根本变化，城镇边界的不断扩张，必然会带来大量土地的征收和占用。当前，土地供求矛盾、土地征收与补偿制度、耕地保护等问题，是城镇化进程中社会各界普遍关心的问题。

按照解放和发展生产力，提高土地利用效率和城镇化的质量、保障农民利益的要求深化土地制度改革。一是要切实保护农民合法土地权益。要按照有明确和保护土地用益物权的思路，建立以承包权为核心的农地产权制度，并完善土地产权法律制度。二是要完善征地和流转制度。严格界定公益性和经营性建设用地，逐步缩小征地范围，完善征地补偿机制，提高对农民的征地补偿标准。要在注重粮食安全和保护耕地的前提下，逐步放开农村集体建设用地流转后上市交易，保护农民成为农村集体用地交易主体地位，使农村集体建设用地与城市建设用地真正实现同地、同权、同价。三是要积极开展土地综合整治。在一定区域，按照土地利用总体规划的目标和用途，以土地整理、复垦、开发为平台，推动田、水、路、林、村综合整治，通过建立农村集体土地流转市场进行产权调整、协调各方主体利益，以及进行配套制度改革。四是要加强城镇化过程中土地资源集约利用。要制定科学的土地利用总体规划和城镇发展规划，注重城镇内涵发展。小城镇发展应注意规模化，乡镇企业应适当集中。建立土地节约集约利用优惠政策，提高土地利用集约度。重视土地环境的整治与保护，实现土地资源的可持续利用。

（三）完善住房保障制度改革

坚持民生优先，完善就业、收入分配、社会保障、医疗卫生、住房等保障和改善民生的制度安排，推进基本公共服务均等化，努力使发展成果惠及全体人民。《国家新型城镇化规划（2014－2020年）》进一步对建立农业转移人口的住房保障体制机制问题做了整体部署。

走中国特色新型城镇化道路，要妥善解决好中城镇低收入群体和农民工保障性住房问题，完善住房保障制度体系。一要坚持市场供应为主，加大保障性住房供给，建立覆盖不同收入群体的城镇住房多元化供应体系。二要完善住房保障体系，加大经济适用房和廉租房建设力度，大力发展公共租赁住房，增加对城镇中低收入群体的住房供给。三要将住房保障纳入公共财政体系，建立稳定的住房保障资金渠道。四要多渠道多形式改善农民工居住条件，逐步将符合条件的农民工纳入城镇住房保障体系。

（四）深化财税金融体制改革

深化财税金融体制改革，是推进中国特色新型城镇化建设的重要着力点。通过加快财税体制和投融资机制改革，创新金融服务，放开市场准入，逐步建立多元化、可持续的城镇化建设的资金保障机制。同时，要通过财税金融体制改革，形成有利于城镇化健康发展的激励机制。

一是建立健全公共服务能力，调整财政支出结构，强化政府基本公共服务供给的责任，推进建立包括农民工在内的基本公共服务体系，探索农业人口市民化的成本分担责任和时间安排；二是加大中央财政转移支付力度，逐步提高中央财政在义务教育、基本养老、基本医疗等基本公共服务支出中的比重；三是加快地方税收体系建设，培育稳定的地方收入来源，加快开征房产税，增强地方政府提供基本公共服务的能力；四是合理确定土地出让收入在不同主体间的分配比例，将政府土地出让收入纳入公共财政进行管理，提高土地出让收入的使用效率，减少地方政府对土地财政的依赖。

在深化城镇建设投融资体制改革方面，要根据城镇基础设施和公共服务性质的不同，建立多元化、多渠道的资金供给模式。要放宽市场准入，鼓励民间资金进入经营性基础设施领域，要加大公益性基础设施的投入，政策性金融要予以支持，对介于公益性和经营性之间的城镇基础设施项目，要拓宽融资渠道，通过特许经营、股权融资、项目融资等方式，鼓励和吸引社会资金和境外资金参与建设，要严格规范地方投融资平台运作，稳妥发行城镇建设债券。

（五）优化行政区划设置改革

当前，我国城镇行政区划层级设置过多、城镇管理权限过杂、城镇财权与事权不匹配等问题已经严重影响到城镇化的健康发展。实现四化同步，坚持走中国特色新型城镇化道路，不断优化城镇行政区划设置越来越重要，必须加快形成设置科学、布局合理、功能完善、集约高效的行政管理体制，以保障我国城镇化的健康可持续发展。

"十四五"时期，在加快推进中国特色新型城镇化的背景下，优化行政区划设置需要在以下几个方面进行努力探索：第一，依法调整行政区划，逐步减少地方政府层级。调整的方向是逐步调整省、县规模，适当把大省缩小，把小县扩大。第二，适当增设直辖市，实行合理布局。增设直辖市的数量不宜过多，要强调城市质量，注意合理布局，要有带动性。第三，加快省域区域中心城市的形成，重点发展县级市。推进省直县改革探索，适当增加县级市。整县改市还是切块设市，都是城镇化发展的客观要求。重新启动县级市的审批条件已经成熟，不宜拖久。第四，启动大镇强镇改革试点。对于经济实力较强、城镇化水平较高的城镇应该积极进行设市或改区的改革，可以总结浙江、广东等地区的实践经验，积极探索大镇强镇管理改革的新模式。

第十一章　扩大开放构建开放型经济新体制

开放，是中国分享全球化成果的重大历史机遇，是中国经济快速崛起的关键因素。"十四五"时期，世界经济环境预计仍然比较复杂，机遇和挑战相互交织。我国开放型经济已站在新的起点上，形势逼人，不进则退。通过专心办好自己的事情，抓住时机进行全球布局，注重防范各种风险，主动融入世界经济。"十四五"时期，我们要进一步放眼长远，努力塑造各国发展创新、增长联动、利益融合的世界经济，坚定维护和发展开放型世界经济。

面对新形势新挑战新任务，通过统筹开放型经济顶层设计，加快构建开放型经济新体制，进一步破除体制机制障碍，使对内对外开放相互促进，引进来与走出去更好结合，以对外开放的主动赢得经济发展和国际竞争的主动，以开放促改革，积极参与全球治理，为中国的自身和世界各国经济发展带来更大机遇，为世界经济复苏提供更强动力。

一、创新外商投资管理体制

改革开放以来，我国坚持对外开放的基本国策，不断拓展对外开放的广度和深度，实现了从封闭半封闭到全方位开放的伟大历史转折。"十四五"时期，我国要进一步改善投资环境，扩大服务业市场准入，进一步开放制造业，稳定外商投资规模和速度，提高引进外资质量。改革外商投资审批和产业指导的管理方式，向准入前国民待遇加负面清单的管理模式转变，促进开发区体制机制创新和转型升级发展。

（一）统一内外资法律法规

过去 40 多年，为了吸引外资，我国政府对内资和外资采取差别化的政策措施。随着中国经济与世界经济的融合接轨，统一内外资法律法规显得日益迫切。"十四五"时期，需要修订中外合资经营企业法、中外合作经营企业法和外资企业法，制定新的外资基础性法律，将规范和引导境外投资者及其投资行为的内容纳入外资基础性法律。对于外资企业组织形式、经营活动等一般内容，可由统一适用于各类市场主体法律法规加以规范，按照内外资一致的原则，适用统一的法律法规。保持外资政策稳定、透明、可预期，营造规范的制度环境和稳定的市场环境。

（二）推进准入前国民待遇加负面清单的管理模式

负面清单管理模式是指在国际投资协定中，东道国在给予外资国民待遇的同时，可以在附件中采取列举的方式，列明保留的与国民待遇不符的措施或者行业领域。推行负面清单管理模式，可以限定外资准入管理范围，科学合理地确定政府对外资的准入控制架构，做到清单之外的事项均由社会主体依法自行决定。"十四五"时期，将进一步完善外商投资市场准入制度，探索对外商投资实行准入前国民待遇加负面清单的管理模式。在做好风险评估的基础上，分层次、有重点放开服务业领域外资准入限制，推进金融、教育、文化、医疗等服务业领域有序开放，放开育幼养老、建筑设计、会计审计、商贸物流、电子商务等服务业领域外资准入限制，进一步放开一般制造业。在维护国家安全的前提下，对于交通、电信等基础设施以及矿业等相关领域逐步减少对外资的限制。

（三）完善外商投资监管体系

我们一方面想方设法吸引外资进入中国市场，另一方面也要加大投资监管的力度，逐步建立起完善的外商投资监管体系。"十四五"时期，需要按照扩大开放与加强监管同步的要求，加强事中事后监管，建立外商投资信息报告制度和外商投资信息公示平台，充分发挥企业信用信息公示系统的平台作用，形成各政府部门信息共享、协同监管、社会公众参与监督的外商投资全程监管体系，提升外商投资监管的科学性、规范性和透明度，防止一放就乱。

（四）推动开发区转型升级和创新发展

国家级经济技术开发区、高新技术产业开发区、海关特殊监管区域以及省级开发区等各类开发区，是我国对外开放的重要载体和平台。"十四五"时期，将进一步加强国家级经济技术开发区、高新技术产业开发区、海关特殊监管区域以及省级开发区等各类开发区规划指导、创新发展。发挥开发区的引领和带动作用，大力发展先进制造业、生产性服务业和科技服务业。推动区内产业升级，建设协同创新平台，实现产业结构、产品附加值、质量、品牌、技术水平、创新能力的全面提升。推动开发区绿色、低碳、循环发展，继续深化节能环保国际合作。不断改善投资环境，进一步规范行政管理制度，完善决策、执行、监督和考核评价体系，避免同质竞争，努力把开发区建设成为带动地区经济发展和实施区域发展战略的重要载体、构建开放型经济新体制和培育吸引外资新优势的排头兵、科技创新驱动和绿色集约发展的示范区。

二、建立走出去战略的新体制

2000 年 3 月，全国人大九届三次会议期间，"走出去"战略正式提出。党的十五届五中全会上，"走出去"战略的最终明确，首次明确提出"走出去"战略，并把它作为四大新战略（西部大开发战略、城镇化战略、人才战略和"走出去"战略）之一。"十四五"时期，将根据国民经济和社会发展总体规划以及对外开放总体战略，完善境外投资中长期发展规划，加强对走出去的统筹谋划和指导，提供政策支持和投资促进。鼓励企业制定中长期国际化发展战略，兼顾当前和长远利益，在境外依法经营。

（一）推进境外投资便利化

贯彻企业投资自主决策、自负盈亏原则，放宽境外投资限制，简化境外投资管理，除少数有特殊规定外，境外投资项目一律实行备案制，加快建立合格境内个人投资者制度。企业与个人在对外投资的过程中，可能会遇到各种信息不对称问题，通过政府搭建境外投资合作信息平台，有利于促进投资信息的透明化和公开化。鼓励企业以 BOT、PPP等方式开展基础设施投资，带动设备、技术、标准、服务和人员"走出去"。支持企业以工程换资源、以项目换资源，采取多种方式开展国际产能合作。

（二）创新对外投资合作方式

允许企业和个人发挥自身优势到境外开展投资合作，允许自担风险到各国各地区承揽工程和劳务合作项目，允许创新方式走出去开展绿地投资、并购投资、证券投资、联合投资等。鼓励有实力的企业采取多种方式开展境外基础设施投资和能源资源合作。促进高铁、核电、航空、机械、电力、电信、冶金、建材、轻工、纺织等优势行业走出去，提升互联网信息服务等现代服务业国际化水平，推动电子商务走出去。积极稳妥推进境外农业投资合作。支持我国重大技术标准走出去。创新境外经贸合作区发展模式，支持国内投资主体自主建设和管理。

（三）健全走出去服务保障体系

从目前的实际情况看，我国的境外投资中介服务体系还不成熟，与境外投资的要求和国际竞争者相比，境内企业相对规模小、实力弱，国际化专业人才匮乏，跨国经营经验和企业文化融合能力不足，缺乏长远规划，无序竞争甚至恶意竞争现象时有发生。此外，随着我国经济实力增强和对外投资规模增加，国际上对我国企业正常投资活动的疑虑日渐增多，面临的限制性措施和政府干预风险也有所增加，境外投资风险防范和权益保护问题也愈发突出。因此，"十四五"时期，需要加快同有关国家和地区商签投资协定，完善领事保护制度，提供权益保障、投资促进、风险预警等更多服务，推进对外投资合作便利化。保障我国境外人员人身和财产安全。发挥中介机构作用，培育一批国际化的设计咨询、资产评估、信用评级、法律服务等中介机构。

（四）推进引进外资与对外投资有机结合、相互配合，推动与各国各地区互利共赢的产业投资合作

"十四五"期间，为了进一步提高我国的开放型经济水平，必须要统筹考虑国际国内两个大局、两个市场、两种资源，坚持引进外资与对外投资联动发展，努力在风云变幻的国际环境中谋求更大的国家利益。需要发挥我国优势和条件促进其他国家和地区共同发展，鼓励企业开展科技创新、项目对接、信息交流、人力资源开发等多方面国际合作。支

持地方和企业做好引资、引智、引技等工作，并积极开拓国际市场。通过各类投资合作机制，分享我国引进来的成功经验，推动有关国家营造良好投资环境。

三、优化对外开放区域布局

自 2001 年中国加入世界贸易组织以来，中国经济与世界经济的融合度在不断提升，中国不仅成为经济全球化的受益者和世界经济增长的推动者，也成为世界贸易格局和世界投资格局的重要塑造力量。"十四五"时期，我们要进一步优化对外开放区域布局，新增建设一批自由贸易园区，立足东中西协调、陆海统筹，扩大对港澳台开放合作，推动形成全方位的区域开放新格局，以区域开放的提质增效带动经济的协调发展。

（一）建设若干自由贸易试验园区

实践证明，党中央、国务院建立中国（上海）自由贸易试验区的重大决策是正确的，对于全面深化改革和扩大对外开放探索新途径、积累新经验具有十分重要的意义。"十四五"时期，需要进一步深化上海自由贸易试验区改革开放，扩大服务业和先进制造业对外开放，形成促进投资和创新的政策支持体系，并将部分开放措施辐射到浦东新区，及时总结改革试点经验，在全国复制推广。依托现有新区、园区，推动广东、天津、福建自由贸易试验区总体方案全面实施，以上海自由贸易试验区试点内容为主体，结合地方特点，充实新的试点内容，未来结合国家发展战略需要逐步向其他地方扩展，推动实施新一轮高水平对外开放。

（二）完善内陆开放新机制

我国在深化对外开放的进程中，完善内陆开放经济新体制，也是非常重要的着力点。"十四五"时期，内陆地区需要抓住全球产业重新布局机遇，以内陆中心城市和城市群为依托，以开发区和产业聚集区为平台，积极探索承接产业转移新路径，创新加工贸易模式，以加工贸易梯度转移重点承接地为依托，稳妥推进有条件的企业将整机生产、零部件、原材料配套和研发、结算等向内陆地区转移，形成产业集群，支持在内陆中心城市建立先进制造业中心。鼓励区域合作共建产业园区，促进内陆贸易、投资、技术创新协调发展。支持内陆城市增开国际客货运航线，发展江海联运，以及铁水、陆航等多式联运，形成横贯东中西、联结南北方的对外经济走廊。

（三）培育沿边开放新支点

我国周边国家人口众多，产业互补性强，深化沿边开放，有利于开拓我国开放经济的新空间。可以将沿边重点开发开放试验区、边境经济合作区建成我国与周边国家合作的重要平台，加快沿边开放步伐。允许沿边重点口岸、边境城市、边境经济合作区在人员往来、加工物流、旅游等方面实行特殊方式和政策。按有关规定有序进行边境经济合作区新设、调区和扩区工作。稳步发展跨境经济合作区，有条件的可结合规划先行启动中方区域基础设施建设。建设能源资源进口加工基地，开展面向周边市场的产业合作。鼓励边境地区与毗邻国地方政府加强务实合作。

（四）打造沿海开放新高地

发挥长三角、珠三角、环渤海地区对外开放门户的作用，建设若干服务全国、面向世界的国际化大都市和城市群，建成具有更强国际影响力的沿海经济带。推动京津冀协同发展，支持沿海地区发展高端产业、加强科技研发，加快从全球加工装配基地向研发、先进制造基地转变，推进服务业开放先行先试。依托长江黄金水道，推动长江经济带发展，打造中国经济新支撑带，建设陆海双向对外开放新走廊。

（五）扩大对香港、澳门和台湾地区开放

发挥港澳地区的开放平台与示范作用，深化内地与港澳更紧密经贸关系安排，加快实现与港澳服务贸易自由化。建设好深圳前海现代服务业示范区、珠海横琴新区、广州南沙新区。鼓励内地企业与港澳企业联合走出去。支持内地企业赴港融资，将境外产业投资与香港金融资本有机结合。鼓励内地企业与港澳企业联合成立投资基金，通过多种方式开展投资合作。促进澳门经济适度多元。促进海峡两岸经济关系正常化、制度化、自由化，逐步健全两岸经济合作机制。加强两岸产业合作、双向贸易投资及便利化方面的合作。充分发挥海峡两岸经济区、平潭综合实验区、昆山深化两岸产业合作试验区等的先行先试作用。深化和拓展与港澳台地区高校、科研院所、企业间科技研发和创新创业方面的合作。

四、构建开放安全的金融体系

在构建开放型经济新体制的布局中，除了贸易、投资等重要领域外，构建开放安全的金融体制，是提升我国开放型经济水平的必由之路。"十四五"时期，在坚持审慎稳妥的基本原则前提下，需要进一步提升我国金融业的开放水平，稳步推进人民币国际化，扩大人民币跨境使用范围、方式和规模，加快实现人民币资本项目可兑换。

（一）扩大金融业开放

改革开放以来，我国有序开放银行、证券、保险等金融部门，通过引入国际一流金融机构和民间资本，形成了国有金融股权为主、多种所有制并存的金融机构体系，在金融业对外开放方面成绩显著。"十四五"时期，在持续评估、完善审慎监管和有效管控风险的基础上，可以有序放宽证券业股比限制，有序推进银行业对外开放，形成公平、有序、良性的金融生态环境。提升金融机构国际化经营水平，鼓励金融机构审慎开展跨境并购，完善境外分支机构网络，提升金融服务水平，加强在支付与市场基础设施领域的国际合作。建立健全支持科技创新发展的国际金融合作机制。

（二）推动资本市场双向有序开放

国际收支包括经常项目和资本项目。目前，经常项目中国已经放开，如果资本项目实现可自由兑换，意味着人民币可自由兑换，这将助推人民币的国际化，也将对中国乃至全球金融市场产生重要影响。"十四五"时期，可以积极稳妥推进人民币资本项目可兑换，进一步促进资金与项目的优化匹配。可扩大期货市场对外开放，允许符合规定条件的境外机构从事特定品种的期货交易。研究境内银行、证券公司等金融机构和企业在有真实贸易和投资背景的前提下，参与境外金融衍生品市场。

（三）建立走出去金融支持体系

构建政策性金融和商业性金融相结合的境外投资金融支持体系，推动金融资本和产业资本联合走出去。完善境外投融资机制，探索建立境外股权资产的境内交易融资平台，为企业提供"外保内贷"的融资方式。发展多种形式的境外投资基金，推进丝路基金、亚洲基础设施投资银行、金砖国家新开发银行设立和有效运作，构建上海合作组织融资机构。用好投融资国际合作机制，选准重点，积极推进与"一带一路"沿线国家合作。

（四）扩大人民币跨境使用

推进亚洲货币稳定体系、投融资体系和信用体系建设。推进本币互换合作，进一步扩大经常项目人民币结算规模，支持跨国企业集团开展人民币资金集中运营业务。在涉外经济管理、核算和统计中使用人民币作为主要计价货币。加快人民币跨境支付系统建设，进一步完善人民币全球清算体系。进一步拓宽人民币输出渠道，鼓励使用人民币向境外进行贷款和投资。建设区域性人民币债券市场，进一步便利境外机构投资境内债券市场，支持境外机构在境内发行人民币债务融资工具，稳妥推进境内金融机构和企业赴境外发行人民币债券。支持离岸市场人民币计价金融产品的创新，加快人民币离岸市场建设，扩大人民币的境外循环。

（五）完善汇率形成机制和外汇管理制度

人民币汇率形成机制实际上就是人民币汇率制度的选择问题。从1994年1月1日起，我国开始实行以市场供求为基础的、单一的、有管理的浮动汇率制度。由此开始，人民币汇率生成逐渐走向市场化，人民币汇率形成机制的核心是：以外汇市场供求为基础，允许市场汇率在一定范围内围绕基准汇率上下浮动。"十四五"时期，需要有序扩大人民币汇率浮动区间，增强人民币汇率双向浮动弹性。深化外汇管理体制改革，进一步便利市场主体用汇，按照负面清单原则推进外商投资企业外汇资本金结汇管理改革。创新国家外汇储备使用方式，拓宽多元化运用渠道。

（六）推进全球经济治理体系改革

面对全球经济转型和经济格局的深刻变化，全球经济治理体系改革正处在历史关口：既需要推进全球经济转型升级，又需要推动全球经济治理结构同步转型。"十四五"时期，我们需要支持联合国、20国集团等发挥全球经济治理主要平台作用，推动金砖国家合作机制发挥作用，共同提高新兴市场和发展中国家在全球经济治理领域的发言权和代表性。全面参与国际经济体系变革和规则制定，在全球性议题上，主动提出新主张、新倡议和新行动方案，增强我国在国际经贸规则和标准制定中的话语权。

第十二章　绿色发展加快推进生态文明建设

生态文明是指人与自然关系的进步状态，反映了人类进步与自然相互之间的和谐程度。生态文明的核心是人与自然的关系问题，其要义一是人与自然和谐相处，二是实现人类社会的可持续发展。生态文明的基本内涵是强调人与自然平等、和谐共处，主张绿色、节约、健康的生产方式和消费方式，追求人与自然和谐共进、生产力高度发达、人文全面发展、社会持续繁荣的理想境界。从世界历史上看，生态文明是工业文明的产物，是随着工业文明发展到后期，人们对工业化给资源、环境造成的负面影响有了明确的认识后所做出的反应与调整。在生态环境保护上一定要算大账、算长远账、算整体账、算综合账，不能因小失大、顾此失彼、寅吃卯粮、急功近利。

一、大力发展绿色生态经济

在我国，生态文明的提出以及人们对此的认识深化，总体上也沿袭了这一历史路径，也是随着对我国传统经济增长方式的反思而提出的。一是资源约束趋紧。改革开放以来，我国经济快速增长。与此同时，各类资源的消耗量急速上升，目前已成为世界上最大的能源消耗国，对资源、环境、生态带来很大的压力。随着我国工业化、城镇化的进一步发展，未来各类资源的人均消费量都还要增加，资源环境对于经济社会的瓶颈制约作用日益明显，粮食安全、能源安全已成当务之急。二是环境污染严重。目前，我国环境形势严峻，对于人民生产生活至关重要的水、土、气都不同程度地出现了问题。全国十大流域中的九个流域都受到污染，地下水污染也愈加严重。土壤污染量大、面广、持久、毒性大。大气污染日益严重，区域性阴霾频发。据《中国环境宏观战略研究综合报告》称，我国1.9亿人的饮用水有害物质含量超标；约三分之一的城市人口暴露在超标的空气环境中；各类环境群体性事件频繁发生。三是生态系统显著退化。近年来，我国自然生态系统退化明显。水土流失面积占国土面积的37%；沙化土地占国土面积的18%，90%的草原不同程度退化。处于亚健康和不健康状态的海洋生态系统分别占52%和24%。生物多样性急剧减少，濒危或接近濒危的高等植物已达4 000～5 000种。地震、泥石流、洪涝等各类自然灾害频繁发生，给人民群众的生产生活带来很大的影响。

　　"十三五"时期，应着力发展生态经济、绿色经济。2012年6月，在巴西里约热内卢举行的联合国可持续发展大会（又被称为"里约+20"峰会）围绕"可持续发展和消除贫困背景下的绿色经济"和"促进可持续发展的机制框架"两大主题展开讨论，为国际社会共谋可持续发展战略提供又一重要契机。2012年，党的十八大报告首次将生态文明建设放到突出地位，提出要着力推进绿色发展、循环发展、低碳发展，形成节约资源和保护环境的空间格局、产业结构、生产方式、生活方式；要从优化国土空间开发格局、全面促进资源节约、加大自然生态系统和环境保护力度以及加强生态文明制度建设等方面进行生态文明建设。这也是对近年来国家大力倡导的"资源节约型和环境友好型"社会建设的又一重大推进。

　　生态文明的本质就是可持续发展，走绿色发展道路，实现人与自然的和谐共生和人类社会的永续发展。在全面建设生态文明社会的今天，积极推行循环经济和低碳经济等生态经济，无疑是我国生态文明建设的重要内容。应借鉴西方发达国家发展生态经济的先进经验，结合我国国情，积极转变经济发展模式，加大经济结构调整，逐步推进包括低碳经济、循环经济在内的生态经济的发展和普及。国家应从法制、经济、技术、宣传教育等多方面大力推进包括循环经济和低碳经济在内的生态经济建设，真正转变经济发展模式，为打造美丽中国提供重要支撑。只有从根本上转变经济发展模式，大力发展低碳经济和循环经济，才能从源头控制环境污染和生态破坏，逐步改善日益恶化的生态环境。

加快转变经济发展方式，促进生产方式转型。只有加快转变发展方式，才能从源头上减少资源消耗过度和污染排放问题，从根本上缓解经济增长与资源、环境之间的矛盾。

一是调整产业结构。大力发展服务业和战略性新兴产业，提高其在国民经济中的比重。坚决抑制高耗能、高排放行业过快增长，加快淘汰落后产能，促进产业向优势企业集中，推动过剩产能向海外有序转移。

二是节约集约利用资源。从破解资源约束出发，加强全方位全过程资源节约和综合利用，大幅降低能源、水、土地消耗强度，有效控制用水总量，合理开发矿产资源，严格管制土地用途。推动能源生产和消费革命，大力发展新能源和可再生能源，控制能源消费总量，保障国家能源安全。

三是推行绿色循环低碳的生产方式。各行各业都要按照节约资源、保护环境的要求实现生产方式的根本转变，工业生产要彻底抛弃高投入、高污染的粗放式增长模式，持续推动节能减排，按照减量化、再利用、资源化的原则，推行清洁生产，发展循环经济。农业生产要积极发展生态农业和有机农业，稳定提高农业综合生产能力，保障粮食安全。大幅度降低农药、化肥使用量，改善农业生态环境。

二、着力加强生态保护与修复

党的十八大报告强调，"把生态文明建设放在突出地位，融入经济建设、政治建设、文化建设、社会建设各方面和全过程"。推进生态文明建设，是涉及生产方式和生活方式根本性变革的战略任务。生态既要保护又要修复，要加大对已遭到破坏生态的修复和对生态脆弱地区的投入，促进形成自然生态和人居环境的良性循环。

（一）加强监测预防

加大环境监测力度，实行严格的环境质量控制标准，强化监督手段，为污染防治奠定基础。加强气象、地质、地震灾害监测预警预报和信息发布系统建设，完善防灾减灾体系，提高防御能力。按照谁开发谁保护、谁受益谁补偿的原则，加快建立生态补偿机制。加大对重点生态功能区的均衡性转移支付力度，研究设立国家生态补偿专项资金。推行资源型企业可持续发展准备金制度。鼓励、引导和探索实施下游地区对上游地区、开发地区对保护地区、生态受益地区对生态保护地区的生态补偿。积极探索市场化生态补偿机制。加快制定实施生态补偿条例。

（二）加强自然生态系统保护

推进天然林资源保护，巩固和扩大退耕还林还草、退牧还草等成果，保护好林草植被和河湖、湿地，加强野生动植物和生物多样性保护。加强水源地保护，加快病险水库水闸除险加固、农田水利等重点工程建设，加快实施搬迁避让。扎实推进城乡造林绿化工作，构建重要生态屏障，提高生态系统稳定性。继续实施天然林资源保护工程，巩固和扩大退耕还林还草、退牧还草等成果，推进荒漠化、石漠化和水土流失综合治理，保护好林草植被和河湖、湿地。搞好森林草原管护，加强森林草原防火和病虫害防治，实施草原生态保护补偿奖励机制。强化自然保护区建设监管，提高管护水平。加强生物安全管理，加大生物物种资源保护和管理力度，有效防范物种资源丧失与流失，积极防治外来物种入侵。

（三）实施重大生态修复工程

加快解决损害群众健康的水、土壤、大气污染等突出环境问题。推进荒漠化、石漠化、水土流失综合治理。加强重点流域和区域水污染防治、生态脆弱河湖和地区水生态修复与治理。加大治理重金属污染和土壤污染的力度。通过多种手段有效控制温室气体排放。加强重点生态功能区保护和管理，增强涵养水源、保持水土、防风固沙能力，保护生物多样性，构建以青藏高原生态屏障、黄土高原—川滇生态屏障、东北森林带、北方防沙带和南方丘陵山地带以及大江大河重要水系为骨架，以其他国家重点生态功能区为重要支撑，以点状分布的国家禁止开发区域为重要组成的生态安全战略格局。

（四）增强生态产品生产供给能力

生态产品直接惠及百姓，要大力加强林地、水源、湿地、草原等绿色生态资源的保护，增强生态产品供给能力。政府应通过有力的规范和引导，促进资源流向生态产品生产，鼓励企事业单位及其他社会组织支持和参与生态产品生产活动，支持技术进步，逐步提高生态产品生产在整个社会生产中的比重。同时，重视发挥市场机制推动生态产品生产的作用。物质生产生态化已经有了比较好的市场基础，专业生态产品市场化生产也不是无路可走。生态产品成为商品进行交易的关键在于科学合理地确定计量其价值或价格的方法。可以借鉴控制温室气体排放的

CDM 机制（清洁发展机制）、碳排放权交易等制度，将专业生态生产的一定量生态产品折算为能够减排的二氧化碳、二氧化硫，折算为能够稀释的化学需氧量等，作为确定生态产品价值或价格的基本依据，进而设计一套可行的市场机制，开展生态产品交易。

三、不断创新生态文明体制机制

如果没有良好的环境，追求发展也就失去了意义。当然，从整体上看，推进生态文明建设是个长期的过程，依赖于一个规范的、长期的、稳定的制度环境，形成"硬约束"的长效机制。站在生态文明建设的高度加强环境保护，就要大力建设资源节约型、环境友好型社会，不断创新生态文明体制机制，促进人口、资源、环境与经济社会全面协调可持续发展。

（一）积极推动我国资源型产品的价格改革，形成全社会节能降耗的内在激励机制

长期以来，我国各类资源型产品价格形成机制不合理、价格偏低，很难形成促使企业、居民节约利用的内在机制。为此，一方面要在起点环节适度引入竞争，优化相关产品的价格形成机制。另一方面要在终端合理调整电、水、气等资源型产品的价格，切实用价格机制引导全社会节约利用资源。以电价为例，既要形成水电、核电及可再生能源发电的合理定价机制，有序推进竞价上网和输配电价改革，也要在终端环节完善居民阶梯电价方案。

（二）加大资源环境税费改革

按照价、税、费、租联动机制，适当提高资源税税负，加快开征环

境税，完善计征方式。积极探索运用税费手段提高环境污染成本，降低污染排放。继续推进资源税改革、尽快开征环境税。用经济手段促使企业主体节能降耗。大力推进排污权交易制度建设，健全资源补偿和交易制度，按照"谁开发、谁保护、谁受益、谁补偿"的原则，建立生态补偿机制，为生态环境保护注入持久动力。

（三）健全资源补偿和交易制度

按照谁开发谁保护、谁受益谁补偿的原则，加快建立生态补偿机制，研究设立国家生态补偿专项资金，推行资源型企业可持续发展准备金制度。培育节能量和碳排放量第三方核证机构，鼓励企业积极参与节能量交易和碳交易。健全水权制度，开展水权交易，规范水权转让。深化排污权有偿使用和交易制度改革。

（四）完善相关统计评价、干部考核指标体系

具体来看，一方面，要建立体现生态文明要求的目标体系，完善统计指标，把资源消耗、环境损害、生态效益纳入经济社会发展评价体系。另一方面，要完善干部考核机制，针对区域和城乡差异设立不同的考核目标，增加生态文明相关指标权重，明确界定责任，完善干部考核任用。另外，还要进一步完善相关法律法规建设，加强环境监管，严格环境执法；健全生态环境保护责任追究制度和环境损害赔偿制度；推动信息公开与公众参与，完善多元化的环境监督体制。

四、推动我国能源生产和消费革命

经过长期发展，我国已成为世界上最大的能源生产国和消费国，形成了煤炭、电力、石油、天然气、新能源、可再生能源全面发展的能

源供给体系，技术装备水平明显提高，生产生活用能条件显著改善。但过度的能源消耗造成生态环境的巨大压力，也是不争的事实。因此，"十四五"时期，面对能源供需格局新变化、国际能源发展新趋势，保障国家能源安全必须推动能源生产和消费革命，这也是加快建设生态文明的重要着力点。

（一）推动能源消费革命

抑制不合理能源消费，坚决控制能源消费总量，有效落实节能优先方针，把节能贯穿于经济社会发展全过程和各领域。我们要转变能源消费理念，控制能源消费总量，坚定调整产业结构，高度重视城镇化节能，切实扭转粗放用能方式，不断提高能源效率，以尽可能少的能源消费支撑经济社会发展。推行"一挂双控"措施，将能源消费与经济增长挂钩，对高耗能产业和过剩产业实行能源消费总量控制强约束，其他产业按先进能效标准实行强约束。坚持节能优先的战略导向，实施工业节能行动计划、绿色建筑行动计划和绿色交通行动计划。推进城乡用能方式转变，实施新城镇、新能源、新生活行动计划，加快农村用能方式变革。抓紧修订一批能效标准，只要是落后的都要加快修订、定期更新，从而保证能效标准得到真正执行。

（二）推动能源供给革命

立足国内多元供应保安全，大力推进煤炭清洁高效利用，着力发展非煤能源，形成煤、油、气、核、新能源、可再生能源多轮驱动的能源供应体系。我们要实施绿色低碳战略，着力推进能源结构调整优化，把发展清洁能源作为调整能源结构的主攻方向。坚持发展非化石能源与化石能源高效清洁利用并举，实现传统能源高效化、非化石能源规模化。逐步降低煤炭供给比重，提高天然气供给比重，大幅增加水电、风电、太阳能、地热能、生物质能等新能源、可再生能源和核电供给比重，形成与我国国情相适应、科学合理的能源供给结构，大幅减少能源消费排放。

（三）推动能源技术革命

立足我国国情，紧跟国际能源技术革命新趋势，以绿色低碳为方向，分类推动技术创新、产业创新、商业模式创新，并同其他领域高新技术紧密结合，把能源技术及其关联产业培育成带动我国产业升级的新增长点。科技决定能源未来，科技创造未来能源。坚持追赶与跨越并重，加强能源创新体系建设，建设能源科技强国。出于可持续发展的考量，中国不能再走其他发达国家的能源替代路线，必须紧跟全球新能源时代的步伐，特别要在新能源技术的研发和推广方面加大力度。抓好重大科技专项，力争页岩气、深海油气、新一代核电等核心技术取得重大突破。依托海洋油气和非常规油气勘探开发、煤炭高效清洁利用、可再生能源开发、智能电网等重大能源工程，加快科技成果转化，推进能源装备国产化，提升能源装备自主化水平，支持先进能源技术装备"走出去"。

（四）推动能源体制改革

要坚定不移推进改革，打通能源发展快车道，还原能源商品属性，构建有效竞争的市场结构和市场体系，形成主要由市场决定能源价格的机制，转变政府对能源的监管方式，建立健全能源法治体系。我们要加强宏观思考和战略谋划，抓紧制定电力体制改革和石油天然气体制改革总体方案，大胆探索、大胆突破，不断把改革引向深入。放开竞争性业务，鼓励各类投资主体有序进入能源开发领域，进行公平竞争。加快电力体制改革步伐，推动供求双方直接交易，提供更加经济、优质的电力保障。加快推进油气领域改革，创新勘探开发机制，促进油气管网公平接入和开放。推进清费立税，深化煤炭资源税改革。

（五）要全方位加强国际能源合作

在主要立足国内的前提条件下，在能源生产和消费革命所涉及的各个方面加强国际合作，有效利用国际资源。务实推进"一带一路"能源合作，加大中亚、中东、美洲、非洲等油气的合作力度，实现开放条件下能源安全。

总之，我们必须将生态文明理念融入经济发展之中，既要金山银山，也要绿水青山。绿水青山就是最大、最久的金山银山。发展经济，决不能超越资源环境的承载能力，决不能以牺牲生态、破坏环境为代价。只有这样，我国经济社会系统才能与自然生态系统相互协调，我国经济建设才能与政治建设、社会建设、文化建设等相互协调，中华民族才能实现永续发展和长治久安。

第十三章 改善民生让人民共享改革发展红利

我们的人民热爱生活，期盼有更好的教育、更稳定的工作、更满意的收入、更可靠的社会保障、更高水平的医疗卫生服务、更舒适的居住条件、更优美的环境，期盼孩子们能成长得更好、工作得更好、生活得更好。人民对美好生活的向往，就是我们的奋斗目标。保障和改善民生的过程，就是不断地解决好人民最关心最直接最现实的利益问题，在学有所教、劳有所得、病有所医、老有所养、住有所居上持续取得新进展，努力让人民过上更好生活的过程，这是"十四五"时期我国经济大布局的出发点和落脚点。

一、继续打好扶贫开发攻坚战

"十三五"时期是全面建成小康社会的收官阶段，能不能收好官，如期建成全面小康社会？从"十二五"时期的实际情况看，城市这一头尽管也存在很多难点，但总体上不成问题。而最艰巨最繁重的任务还是在农村，特别是在贫困地区，这是我国全面建成小康社会最大的短板所在。到2020年，如果没有农村的小康，特别是没有贫困地区的小康，就没有全面建成小康社会。

消除贫困、改善民生、实现共同富裕，是社会主义的本质要求，是我们党的重要使命。改革开放以来，经过全国范围有计划有组织的大规模开发式扶贫，我国贫困人口大量减少，贫困地区面貌显著变化，但扶贫开发工作依然面临十分艰巨而繁重的任务，已进入啃硬骨头、攻坚拔寨的冲刺期。形势逼人，形势不等人。统计数据表明，到 2020 年，还有 7 000 多万贫困人口需要脱贫，时间十分紧迫，任务相当繁重。

因此，"十三五"时期，我们必须增强紧迫感和主动性，在扶贫攻坚上进一步厘清思路、强化责任，采取力度更大、针对性更强、作用更直接、效果更可持续的措施，特别要在精准扶贫、精准脱贫上下更大功夫。

（一）坚持党的领导

坚持党的领导，发挥社会主义制度可以集中力量办大事的优势，这是我们的最大政治优势。要强化扶贫开发工作领导责任制，把中央统筹、省负总责、市（地）县抓落实的管理体制，片为重点、工作到村、扶贫到户的工作机制，党政一把手负总责的扶贫开发工作责任制，真正落到实处。中央做好政策制定、项目规划、资金筹备、考核评价、总体运筹等工作，省级要做好目标确定、项目下达、资金投放、组织动员、检查指导等工作，市（地）县要做好进度安排、项目落地、资金使用、人力调配、推进实施等工作。党政一把手要当好扶贫开发工作第一责任人，深入贫困乡村调查研究，亲自部署和协调任务落实。

（二）做到精准扶贫

扶贫方式从"大水漫灌"转向"精确滴灌"，从实际出发，尊重群众意愿，才能避免"花架子"，找到脱贫致富的"金点子"。扶贫开发贵在精准，重在精准，成败之举在于精准。各地都在扶持对象精准、项目安排精准、资金使用精准、措施到户精准、因村派人（第一书记）精准、脱贫成效精准上想办法、出实招、见真效。坚持因人因地施策，因贫困原因施策，因贫困类型施策，区别不同情况，做到对症下药、精准滴灌、靶向治疗，不搞大水漫灌、走马观花、大而化之。因地制宜研究实施"四个一批"的扶贫攻坚行动计划，即通过扶持生产和就业发展一批，通过移民搬迁安置一批，通过低保政策兜底一批，通过医疗救助扶持一批，实现贫困人口精准脱贫。

（三）切实强化社会合力

扶贫开发是全党全社会的共同责任，要动员和凝聚全社会力量广泛参与。众人拾柴火焰高。在五年多的时间内，让几千万人脱离贫困，这项艰巨的工程，需要凝聚全社会力量共同来完成。我国已将每年的 10 月 17 日设为"扶贫日"，不少人将"1017"谐音为"邀您一起"，意在最广泛地动员社会力量投入扶贫济困工作。目前，专项扶贫、行业扶贫、社会扶贫等多方力量互为支撑，拓展着全新的扶贫格局。从各方"单打独斗"到整合资源"握拳出击"，这也是打好扶贫开发攻坚战的重要体现。坚持专项扶贫、行业扶贫、社会扶贫等多方力量、多种举措有机结合和互为支撑的"三位一体"大扶贫格局，健全东西部协作、党政机关定点扶贫机制，广泛调动社会各界参与扶贫开发积极性。加大中央和省级财政扶贫投入，坚持政府投入在扶贫开发中的主体和主导作用，增加金融资金对扶贫开发的投放，吸引社会资金参与扶贫开发。要积极开辟扶贫开发新的资金渠道，多渠道增加扶贫开发资金。

（四）切实加强基层组织

做好扶贫开发工作，基层是基础。把扶贫开发同基层组织建设有机结合起来，抓好以村党组织为核心的村级组织配套建设，鼓励和选派思想好、作风正、能力强、愿意为群众服务的优秀年轻干部、退伍军人、高校毕业生到贫困村工作，真正把基层党组织建设成带领群众脱贫致富的坚强战斗堡垒。呼唤一支沉得下去、真抓实干的扶贫干部队伍，尤其是作为政策落地最后一公里的基层组织，更要选对人、用对人，让那些懂农村、懂经营、有公心的人才为乡亲们脱贫领路。选派扶贫工作队是加强基层扶贫工作的有效组织措施，要做到每个贫困村都有驻村工作队、每个贫困户都有帮扶责任人。工作队和驻村干部要一心扑在扶贫开发工作上，有效发挥作用。

二、实施更加积极的就业政策

就业是民生之本。只有通过就业，一个人才能获得收入、安居乐业、实现价值，社会才能不断发展和进步。实现人民共享改革红利，首先必须解决好就业问题。在我国这样一个有着 13 多亿人口的发展中国家，不能较好地解决就业问题，许多愿望和目标都将无法实现。当前，我国就业工作面临总体就业压力大和结构性劳动力短缺、人才匮乏的突出矛盾。一些沿海地区还面临流动人口比重大、周期性劳动力短缺和劳动力过剩交替出现的问题。解决就业问题，必须不断促进改革，健全促进就业创业体制机制。

（一）实施更加积极的就业政策，创造更多就业机会

当前，必须把促进就业放在经济社会发展的优先位置。古人云：无恒业者无恒产，无恒产者无恒志。可见，古代就业就是实现理想人生的前提。要合理确定经济发展速度，形成公共财政保障、社会多元化投入的发展机制。一是实行有利于促进就业的财政保障政策。公共财政应向符合国家产业政策导向的小型微型企业和劳动密集型产业倾斜，财政支出逐步向民生倾斜，加大对困难群体的扶持力度。各级政府要加大就

业资金投入，加强就业资金支出绩效评估，提高资金使用效益和管理水平。各级财政应继续加大就业专项资金转移支付的力度。二是实行支持和促进就业的税收优惠政策。促进实体经济尤其是小型微型企业发展，减轻企业税收负担，充分发挥其在吸纳城乡劳动力就业中的作用。完善和落实促进大学生、农民工、就业困难人员等重点群体就业的优惠政策。例如，2015年黑龙江省为留住人才，对急需的硕士、博士毕业生，分别按照不低于三万元、五万元的标准给予补助。三是实行更加有利于促进就业的金融支持政策。要鼓励和引导金融机构支持符合国家产业政策导向的劳动密集型产业、服务业、小型微型企业发展，加大支持自主创业力度。进一步完善小额担保贷款政策，保持小额担保贷款发放规模的持续增长。积极探索建立财政与金融结合的扩大就业长效机制。四是实行更加有利于促进就业的对外贸易政策。完善支持促进就业的对外贸易政策体系，积极支持有利于增加就业的行业和企业，优化出口贸易结构，推动加工贸易转型升级，鼓励开展对外劳务合作。五是实施鼓励劳动者多渠道、多形式就业的扶持政策。通过优惠政策和就业服务，扶持劳动者自谋职业、自主就业。鼓励和支持劳动者在中小微企业就业、临时性就业以及其他形式的灵活就业。为劳动者灵活就业、流动就业，提供便捷的社会保障。

（二）紧密结合经济发展，努力推进重点群体就业

一是着力发展吸纳就业能力强的产业和企业。推进战略性新兴产业发展，着力发展智力密集型、技术密集型产业。加快发展文化产业，扩大文化产业就业容量。不断增加农村就业机会；发展劳动密集型企业，使第二产业就业份额保持稳中有升；大力发展以现代服务业为重点的第三产业。重点扶持小型微型企业，特别是发展劳动密集型民营企业扩大就业。二是促进以创业带动就业。党的十八届三中全会指出，"完善扶

持创业的优惠政策，形成政府激励创业、社会支持创业、劳动者勇于创业新机制。"2015 年 4 月 21 日，国务院常务会议指出，"大众创业、万众创新是富民之道、强国之举，有利于产业、企业、分配等多方面结构优化。"当前应落实和完善鼓励劳动者创业的税收优惠、资金补贴等扶持政策，简化审批手续，改善创业环境。健全创业服务体系，为创业者提供项目信息、政策咨询，建设一批示范性的创业孵化基地和创业园区。深入推进创建创业型城市工作。三是发展家庭服务业促进就业。重点发展家政服务、养老服务、病患陪护服务等家庭服务业态。从财税、金融、土地等方面加大政策扶持力度，在企业开办、融资、品牌建设等方面支持家庭服务业发展。推进家庭服务业公益性信息服务平台建设，加强从业人员专项技能培训和职业素养。广泛开展家庭服务企业创建活动，推动家庭服务业连锁化、规模化发展。四是切实做好以高校毕业生为重点的青年群体就业工作。继续把高校毕业生就业放在就业工作的首位，鼓励支持高校毕业生通过多种形式灵活就业，深入实施"大学生创业引领计划"，统筹实施"大学生志愿服务西部计划"等基层服务项目。五是推进农业富余劳动力转移就业。加快小城镇建设，为农村劳动力开辟更多的生产和就业门路。加强农村劳动力转移就业示范县建设，消除流动就业的制度壁垒，进一步完善职业培训、就业服务、劳动维权"三位一体"的工作机制，推进农业富余劳动力进城务工。积极支持农民工返乡创业。六是加强对困难群体的就业援助。建立健全就业援助制度和工作保障制度，确保就业困难群体随出现随援助随就业。全面推进充分就业社区建设。推进各类用人单位按比例安排残疾人就业，扶持残疾人自主创业和灵活就业。做好妇女就业工作。

（三）大力开发人力资源，全面提高就业能力

一是加强专业技术人才队伍建设。扩大以高层次人才为重点的专业

技术人才队伍规模，突出培养造就创新型科技人才。开展急需紧缺专业人才的公派出国留学项目；大力引进海外高层次留学人才；开展大规模的专业技术人才继续教育；完善人事考试评价和选拔机制。二是健全面向全体劳动者的职业技能培训制度。继续加强就业培训，加快构建劳动者终身职业培训体系，健全完善社会化职业培训网络。依托一批职业培训机构，建设职业技能实训基地。加强残疾人职业教育培训。三是加快培养产业发展急需的技能人才。重点支持急需紧缺行业（领域）高级技师培训，加强高技能人才培训基地建设。继续加强技工教育和技工院校示范校建设，构建具有中国特色的现代职业教育和现代技工教育培养体系。注重职业道德和职业知识水平的技能人才评价体系，畅通技能人才成长通道。

（四）积极提升就业服务能力，努力降低失业风险

一是加快形成统一规范灵活的人力资源市场。充分发挥市场机制在促进就业和配置人力资源中的基础性作用。完善人力资源市场监管体系，加强人力资源市场信息网络建设，促进信息资源共享。发展专业性、行业性人才市场。二是加强公共就业和人才服务，形成覆盖城乡的公共就业和人才服务体系。全面实行就业失业登记身份证识别系统，建设城乡人力资源基本数据库。继续推进公共就业和人才服务的制度化、专业化、标准化和信息化建设，健全城乡均等的公共就业和人才服务制度。大力推进人力资源服务业健康发展。以产业引导、政策扶持和环境营造为重点，推进市场诚信体系建设。三是深化工资收入分配制度改革。完善并落实最低工资制度，逐步提高最低工资标准。进一步完善工资指导线制度，引导企业合理进行工资分配。完善人力资源市场工资指导价位制度和行业人工成本信息指导制度。健全工资支付保障机制，实现企业职工特别是农民工工资基本无拖欠。四是健全劳动标准体

系和劳动关系协调机制。党的十八届三中全会提出"创新劳动关系协调机制，畅通职工表达合理诉求渠道"。要推进企业改善劳动条件，促进劳动者实现体面劳动。全面推行劳动合同制度，提高小微企业与农民工劳动合同签订率和履约质量。扩大集体合同制度覆盖面，提高集体协商的实效性。五是建立失业预警和调控机制。建立覆盖全国的就业信息监测制度，完善就业与失业登记管理办法。完善失业动态监测制度。建立失业调控机制，保持就业稳定并将失业控制在社会可承受范围。完善就业与社会保障联动机制，缩短失业周期，分散失业风险。完善社会保障体系，提高就业稳定性。六是加强劳动保障监察工作体系建设。加大对用人单位和人力资源市场的监管力度，全面推进"网格化、网络化"管理。健全违法行为预防预警和多部门综合治理机制，有效处置劳动保障违法行为引发的群体性事件。坚持"预防为主、基层为主、调解为主"方针，建立健全重大集体劳动人事争议应急调处机制。

三、积极完善社会保障体系

社会保障是造福全体人民的基本制度。党的十八大确定的社会保障基本方针是"全覆盖、保基本、多层次、可持续"，重点是"增强公平性，适应流动性，保证可持续性"。截至 2019 年年底，我国医疗保险覆盖了城乡 13 亿以上人口，城乡基本养老保险覆盖了 5.3 亿人。

（一）努力实现社会保障全覆盖，让全民共享改革红利

社会保障体系作为一项基本制度，是社会的"安全网"，也是经济的调节器。当前加强社会保障工作，要着力抓好以下方面：第一，实施全民参保登记计划。以养老、医疗保险为重点，尽快实现对所有群体的全覆盖。2020 年养老保险要达到覆盖率 95% 以上，医疗保险要基本实

现应保尽保。第二,通过深化改革扩大制度覆盖。推进机关事业单位养老保险制度改革,进一步健全医疗、工伤、生育保险制度。第三,强化激励引导机制。完善城乡居民养老、医疗保险等激励机制,引导群众早参保、多缴费、持续参保,提高保障意识。

(二)稳步提高社会保障水平,使人民分享发展成果

保障水平是衡量社会保障制度成效的重要标准,不断提高待遇水平是人民群众的普遍期盼。近年来,我国居民和职工的养老和医疗保障水平不断提高,但是与全面建成小康社会要求还有一定差距。当前,要努力做好三项工作:第一,建立社保待遇的正常调整机制。依据经济发展水平和各方面承受能力,使社会各类成员都能够分享社会经济发展成果。第二,完善社保待遇与缴费更紧密联系的激励机制。例如,新农保,对选择高档缴费的应提高政府补贴;医疗保险也要坚持个人或家庭适当缴费,并随着政府补贴的增加而适当增加。第三,推动多层次社会保险的发展。为满足群众日益增长的需求,还要大力发展补充性的社会保险和商业保险等保障措施。

(三)积极完善社会保障制度,促进社会公平正义

公平正义是中国特色社会主义的内在要求。社会保障作为国民收入再分配的重要手段,应更加注重公平。

一是完善社会保险跨地区转移接续政策。只有解决好参保人员社保关系跨地区转移接续问题,才能实现劳动力的合理流动。从 2010 年开始,我国城镇职工基本养老保险制度实施了跨地区关系转移接续政策;2014 年又出台了城乡居民养老保险与城镇职工养老保险相互的衔接政策。同时,要优化医疗资源配置,完善转诊转院制度和阶梯式医保报销政策,鼓励参保人员尽量利用基层和本地医疗资源。推进社会保险城乡

统筹。统筹城乡社会保障体系也是实现公平的重要举措。2014年，国家在新农保和城居保已实现制度全覆盖的基础上，将两项制度整合为统一的城乡居民基本养老保险制度。下一步还要按中央部署，整合城乡居民基本医疗保险制度和经办服务，并实现与职工基本医保的统一管理。

（四）保证社会保障体系安全有效运行，加快保障事业发展

我国社会保障事业经过多年发展，取得了较大成就。2013年，我国城乡各项基本社会保险基金总收入和总支出规模分别达到5万亿元和3万亿元。面对人口老龄化、城镇化加速、经济结构调整等带来的机遇和挑战，要进一步重点加强以下工作。完善多渠道筹资机制。2019年，我国60岁以上人口已有2.3亿人，养老负担十分沉重。应对人口老龄化的主要举措，一是适时渐进式延迟退休年龄；二是扩大社保覆盖面，使更多人持续缴费，做到应收尽收，并继续加大财政向社会保障领域的投入；三是增加社保资金的战略储备，实现纵向调剂。推进基础养老金全国统筹。我国的基本养老保险制度是从县级统筹起步的，经过多年努力，初步实现了省级统筹。要加快研究制定基础养老金全国统筹方案，既要注重全国的统一公平又兼顾地区发展和生活水平差异。这是一项重大改革，需要稳步实施。确保社会保障基金安全。社会保障资金是亿万人民群众的养命钱，必须确保安全。随着基金规模不断扩大，安全隐患依然存在，冒领、诈骗、挪用甚至盗窃社保基金等案件也时有发生。要构建社会监督体系，让广大参保人员、缴费单位、社会各界都能参与对社保基金的监督，使之真正在阳光下运行。实现社保基金保值增值。为了确保社保基金安全，目前我们实行了最严格的投资政策，就是只能存入国有银行和购买国债。必须要拓宽社保基金投资渠道，以增强抵御风险的物质基础。

四、合理调整收入分配关系

收入分配问题极其复杂，也是老百姓目前最为关注的问题。改革开放以来，由于我们采取了非均衡发展的战略，一方面，经济得到快速发展，总体人均收入水平大幅度提高；另一方面，又出现了贫富差距扩大的问题，富的和穷的都有不满意的地方，"端起碗吃肉，放下筷子骂娘"的现象。习近平强调，要形成合理有序的收入分配格局，这对于缩小贫富差距，实现人民共享改革红利具有十分重要的指引意义。只有这样，才能"让一切劳动、知识、技术、管理、资本的活力竞相迸发，让一切创造社会财富的源泉充分涌流，让发展成果更多更公平惠及全体人民。"

收入分配制度改革是一项十分艰巨的系统工程，要把落实收入分配制度、增加城乡居民收入、缩小收入分配差距、规范收入分配秩序作为重要任务，着力解决人民群众反映突出的问题。要着重保护劳动所得，努力实现劳动报酬增长和劳动生产率提高同步，提高劳动报酬在初次分配中的比重。健全工资决定和正常增长机制，完善最低工资和工资支付保障制度，完善企业工资集体协商制度。改革机关事业单位工资和津贴补贴制度，完善艰苦边远地区津贴增长机制。同时，完善以税收、社会保障、转移支付为主要手段的再分配调节机制，加大税收调节力度。建立公共资源出让收益合理共享机制。完善慈善捐助减免税制度，支持慈善事业发挥扶贫济困积极作用。规范收入分配秩序，完善收入分配调控体制机制和政策体系，保护合法收入，调节过高收入，清理规范隐性收入，取缔非法收入，增加低收入者收入，扩大中等收入者比重，努力缩小城乡、区域、行业收入分配差距，逐步形成橄榄型分配格局。

形成合理有序的收入分配格局，必须在完善再分配调节机制上强化政府责任。再分配是指国家通过税收、财政转移支付、各类社会保障和社会救助等对初次分配结果进行调节的过程。党的十八届三中全会要求"完善以税收、社会保障、转移支付为主要手段的再分配调节机制，加大税收调节力度。建立公共资源出让收益合理共享机制。"① 就是要强化政府责任，合理运用税收政策工具，健全公共财政体系，提高公共服务支出在财政支出中的比重，进一步做大并分好公共资源出让收益，更多用于民生改善和社会保障，不断完善政府转移支付制度，重点向革命老区、民族地区、边疆地区、贫困地区倾斜。

形成合理有序的收入分配格局，还要在规范收入分配秩序方面推进体制机制创新。规范收入分配秩序，既要不断完善市场机制，也要更好发挥政府作用。需要各级政府发挥积极主导的作用，加强法律法规体系建设，建立健全财产登记制度，完善财产法律保护制度；健全行政司法联动监管机制，加大维护劳动者合法权益执法力度；减轻中低收入者税负，加大对高收入者税收调节力度；健全现代支付和收入监测体系，严格规范工资外收入、非税收入等管理，强化打击取缔非法收入的法律法规环节，还要在加大反腐力度、加强信息公开、实行社会监督、提升技术保障等方面，不断推进体制机制创新。

---

① 《十八大以来重要文献选编》(上)，中央文献出版社 2014 年版，第 537 页。

结语　著好建设现代化经济体系这篇大文章

　　习近平总书记强调："建设现代化经济体系是一篇大文章，既是一个重大理论命题，更是一个重大实践课题，需要从理论和实践的结合上进行深入探讨。建设现代化经济体系是我国发展的战略目标，也是转变经济发展方式、优化经济结构、转换经济增长动力的迫切要求。"习近平总书记关于现代化经济体系的重要论述，既是对党的十九大关于这一经济工作战略部署的重要延伸，也为我们推动中国经济发展不断迈上新台阶提供了基本遵循。

　　为什么要建设现代化经济体系？

　　实现"两个一百年"奋斗目标、实现中华民族伟大复兴的中国梦，不断提高人民生活水平，就必须坚定不移把发展作为党执政兴国的第一要务，坚持解放和发展社会生产力，坚持社会主义市场经济改革方向，就必须建设现代化经济体系以推动经济持续健康发展。

　　事实上，中国经济过去 40 多年的年均增长率接近 10%，GDP 的世界占比由 2.7% 迅速提高到目前的近 15%，创造了世界经济史上的"中国奇迹"。国际金融危机爆发后，世界经济格局不断发生深刻变化，中国经济发展的内在支撑条件和外部需求环境都已今非昔比，这就要求经济增长速度进行"换挡"，要求经济发展向现代化体系进行"收敛"。这一点，习近平总书记在主持集体学习的讲话中已经作了深刻阐释。

国际金融危机以来，世界经济呈现出"总量需求增长缓慢、经济结构深度调整"的特征，使得我国的外部需求出现常态性萎缩。统计数据表明，2008 年至 2019 年底，全球经济增长由前 10 年的年均 4.13% 下降为 2.3%，全球贸易增速由年均 11% 大幅下降为 3.7%。虽然根据世界银行的判断，2017 年的世界经济形势已有所好转，各项宏观经济指标有所回升，但复苏的不确定性依然客观存在，这就导致外需对中国经济的拉动作用明显弱化。

此外，我国传统人口红利逐渐减少，资源环境约束正在加强。我国的经济增长结构正在发生历史性变化。东部发达地区的劳动力供给短缺情况更加明显，"刘易斯拐点"加速到来，带动外向型经济的传统人口红利正在逐步减弱。当前，第三次工业革命正迎面走来，主要发达国家纷纷加快发展战略性新兴产业，力图抢占未来科技创新和产业发展的制高点，这些新挑战倒逼着我国的经济发展方式要加快向现代化经济体系转换。正如习近平总书记所指出的："建设现代化经济体系，这是党中央从党和国家事业全局出发，着眼于实现'两个一百年'奋斗目标、顺应中国特色社会主义进入新时代的新要求作出的重大决策部署。国家强，经济体系必须强。只有形成现代化经济体系，才能更好顺应现代化发展潮流和赢得国际竞争主动，也才能为其他领域现代化提供有力支撑。"

怎样建设现代化经济体系？

这次集体学习亦对如何建设现代化经济体系作出了具体的政策部署和行动纲领，主要有五个方面，一是大力发展实体经济，筑牢现代化经济体系的坚实基础。二是加快实施创新驱动发展战略，强化现代化经济体系的战略支撑，加强国家创新体系建设，强化战略科技力量，推动科技创新和经济社会发展深度融合，塑造更多依靠创新驱动、更多发挥先发优势的引领型发展。三是积极推动城乡区域协调发展，优化现代化经济体系的空间布局，加快实施乡村振兴战略，推动京津冀协同发展和长江经济带发展，同时协调推进粤港澳大湾区发展。四是要着力发展开放型经济，提高现代化经济体系的国际竞争力。五是要深化经济体制改革，完善现代化经济体系的制度保障。

这五个方面，是由社会经济活动各个环节、各个层面、各个领域的相互关系和内在联系构成的一个有机整体，缺一不可，需要一体建设、一体推进。从逻辑关系上看，建设现代化体系，实体经济是基础，科技创新是支撑，区域协调是重要着力点，扩大开放是重要推力，深化改革是保障。按照这次集体学习的部署，建设现代化经济体系关键是要加快推进"五个体系"的建设，一是加快统一开放、竞争有序的市场体系建设，二是加快体现效率、促进公平的收入分配体系建设，三是加快彰显优势、协调联动的城乡区域发展体系建设，四是资源节约、环境友好的绿色发展体系建设，五是加快多元平衡、安全高效的全面开放体系，发展更高层次开放型经济建设。

值得指出的是，党的十九大报告和这次集体学习都强调，建设现代化经济体系的首要任务是大力发展实体经济。实体经济是一国经济的立身之本，是财富创造的根本源泉，是国家强盛的重要支柱。当前和未来一段时期，建设现代化经济体系，第一场"战役"就是要深化供给侧结构性改革，推动实体经济大发展大提升。要加快发展先进制造业，推动互联网、大数据、人工智能同实体经济深度融合，推动资源要素向实体经济集聚、政策措施向实体经济倾斜、工作力量向实体经济加强，营造脚踏实地、勤劳创业、实业致富的发展环境和社会氛围。只有这样，才能真正著好现代化经济体系这篇大文章，才能真正将中央关于建设现代化经济体系的各项部署和政策落到实处。